Cocina selecta

Comida del mar

Más de 175 exquisitas recetas

Grupo Editorial Tomo, S.A. de C.V.,
Nicolás San Juan 1043,
03100 México, D.F.

Published by:
R&R Publications Marketing Pty Ltd
ABN 78 348 105 138
PO Box 254, Carlton North, Victoria 3054 Australia

Nicolás San Juan 1043, Col. Del Valle, 03100, México, D.F.
Tels. 5575.6615, 5575.8701 y 5575.0186 Fax: 5575.6695
http://www.grupotomo.com.mx
ISBN-13:978-607-415-255-5
Miembro de la Cámara Nacional de la Industria Editorial No. 2961

Traducción: Lorena Hidalgo Zebadúa
Diseño de portada: Karla Silva
Formación tipógrafica: Armando Hernández
Supervisor de producción: Silvia Morales

Este libro se publicó conforme al contrato establecido entre
R&R Publications Marketing Pty Ltd y
Grupo Editorial Tomo, S.A. de C.V.

Impreso en México - *Printed in Mexico*

cocina selecta

contenido

introducción

Cuando compres pescado asegúrate de que esté fresco y si vas a congelarlo, no compres pescado que haya sido previamente congelado. Es necesario que tomes en cuenta algunos detalles para saber si el pescado que vas a comprar es fresco.

- No debe despedir olor fuerte, más bien debe tener un ligero olor agradable "a mar".
- La carne debe ser firme, con piel suave y lubricada, no debe tener un color amarillo descolorido.
- El pescado entero debe tener ojos brillantes y branquias rojas.

Si te preocupa que los niños se traguen las espinas puedes elegir entre las muchas variedades de cortes sin espinas. Usa merluza sin espinas o pez espada, pez vela, atún, merluza de cola azul, salmón o pez de San Pedro desmenuzados; colas de trucha de mar, de abadejo y de bacalao. También notarás que en muchas pescaderías venden filetes deshuesados, por ejemplo, de salmón o de trucha.

Si te entregan el pescado envuelto en plástico, en cuanto llegues a tu casa desenvuélvelo y colócalo en un recipiente de vidrio o de acero inoxidable.

Cúbrelo ligeramente con una toalla de papel absorbente húmeda y guárdalo en la parte más fría del refrigerador.

Consúmelo lo más pronto que puedas y, si no vas a usarlo al día siguiente, colócalo sobre una cama de hielo.

Si vas a congelarlo envuelve individualmente los filetes en plástico de cocina para separarlos con mayor facilidad. Siempre descongélalos en el refrigerador o en el horno de microondas o cocínalos directamente. Nunca los descongeles a temperatura ambiente, ni vuelvas a congelar el pescado una vez que esté descongelado.

Para preparar el pescado

Los dos tipos de pescado a los que nos referimos son pescado plano (por ejemplo, platija o lenguado) y pescado redondo (por ejemplo, huachinango o bacalao). Es necesario limpiar ambos tipos de pescado antes de usarlos, pero los procesos para hacerlo cambian.

Para quitar las aletas y las escamas

La mayoría de los pescados no necesitan ser desescamados. Sin embargo, existen algunas excepciones como la trucha, el atún, el tiburón, el pez zapatero y otros.

Para cocer un pescado entero sin espinas, lo mejor es no separarle las aletas dorsal y la anal; esto ayuda a que el pescado no se rompa durante la cocción.

Lava el pescado y no lo seques porque es más fácil quitarle las escamas a un pescado mojado. Quítale las escamas con un cuchillo o escamador, comienza por la cola y raspa en dirección hacia la cabeza (ilustración 1).

Corta la aleta dorsal con unas tijeras o usa un cuchillo filoso para cortar a lo largo de las aletas dorsal y anal. Jala la aleta hacia la cabeza para separarla (ilustración 2).

Para sacar las vísceras

Para sacar las vísceras de los pescados redondos se usan técnicas diferentes que en el caso de los pescados planos. Cuando prepares el pescado para quitarle las espinas o filetearlo, saca las vísceras haciendo un corte por la parte inferior del pescado. Si vas a servir el pescado entero puedes sacarle las vísceras a través de un corte por la aleta para conservar su forma.

Pescado redondo

Para deshuesar o filetear, corta la cabeza por detrás de la abertura branquial. Usa un cuchillo filoso y corta la parte inferior desde la cabeza hasta la aleta anal (ilustración 3). Quita las membranas, las venas y las vísceras. Enjuaga bien.

Para conservar la forma del pescado redondo corta entre las branquias (ilustración 4) y abre la branquia exterior con el dedo pulgar. Mete un dedo en la branquia y ponlo en forma de gancho para sacar la branquia interna. Jala con cuidado para sacar la branquia interna y las vísceras. Enjuaga bien.

Pescado plano

Para sacarle las vísceras haz un pequeño corte detrás de las branquias y jala las vísceras (ilustración 5).

Para quitar la piel

La piel de algunos pescados aumenta su sabor. Sin embargo, la piel de otros no es comestible o su sabor es tan fuerte que interfiere con el sabor del pescado. No le quites la piel cuando cuezas o ases un pescado entero.

Pescado redondo

Para quitar la piel de un pescado redondo entero haz un corte recto a lo largo del cuerpo detrás de las branquias y otro justo sobre la cola. Haz otro corte a lo largo de la parte superior (ilustración 6).

Con un cuchillo filoso comienza por la cola y separa la piel de la carne. Empuja el cuchillo hacia la cabeza y jala firmemente la piel con la mano —con un solo movimiento constante.

Pescado plano

Para quitar la piel de un pescado plano entero coloca el lado oscuro hacia arriba, corta la piel donde la cola se une al cuerpo (ilustración 7). Con un cuchillo filoso retira la piel hacia la cabeza hasta que puedas jalarla con la mano (ilustración 8).

Sujeta el pescado con la mano y jala la piel en dirección a la cabeza. Voltea el pescado y sostén la cabeza mientras jalas la piel hacia la cola.

Para cortar filetes

Los filetes son piezas que no tienen hueso. Existen técnicas ligeramente diferentes para filetear pescados redondos o planos.

Pescado redondo

Con un cuchillo filoso haz un corte recto a lo largo de la parte superior, desde la cabeza hasta la cola, después corta por detrás de las branquias.

Sostén la cabeza e introduce el cuchillo entre los filetes y las espinas. Desliza el cuchillo a lo largo de las espinas (con un solo movimiento constante) y corta a lo largo del pescado (ilustración 9). Separa el filete con un corte en la aleta anal. Repite del otro lado del pescado.

Pescado plano

Coloca el pescado sin piel, con los ojos hacia arriba, sobre una tabla para cortar. Corta la carne de la parte media del pescado desde la cabeza hacia la cola. Introduce un cuchillo filoso entre las espinas, en el extremo del filete cerca de la cabeza. Desliza el cuchillo a lo largo del filete hacia un lado de la espina para retirarlo (ilustración 10).

Corta el otro filete de la misma manera. Voltea el pescado y retira los dos filetes restantes (ilustración 11).

Para quitar la piel

Coloca el filete con la piel hacia abajo y corta un pequeño trozo de carne de la piel cerca de la cola. Sostén firmemente la piel y desliza un cuchillo filoso a lo largo de la piel sin cortarla (ilustración 12).

Para cortar un bistec o chuleta

Con un afilado cuchillo para chef separa la cabeza por detrás de las branquias. Rebana el pescado en dos bisteces o medallones del grosor deseado.

Ilustración 1

Ilustración 2

Ilustración 3

Ilustración 4

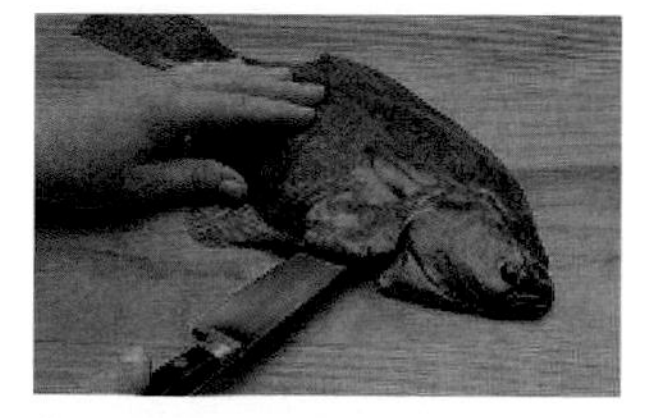

Ilustración 5

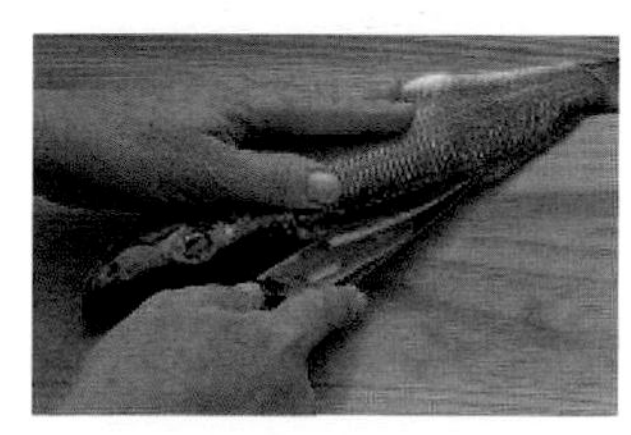

Ilustración 6

Ilustración 7

Ilustración 8

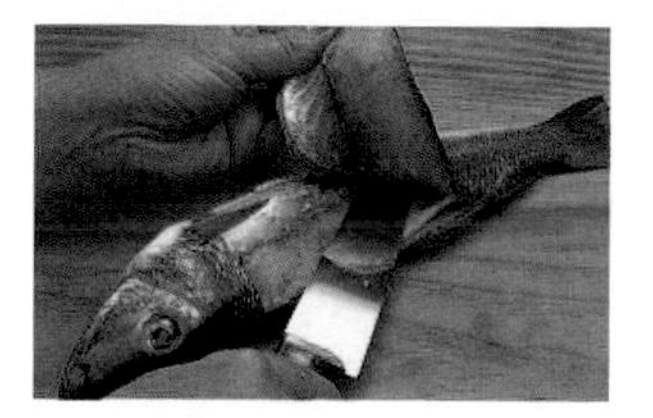

Ilustración 9

Ilustración 10

Ilustración 11

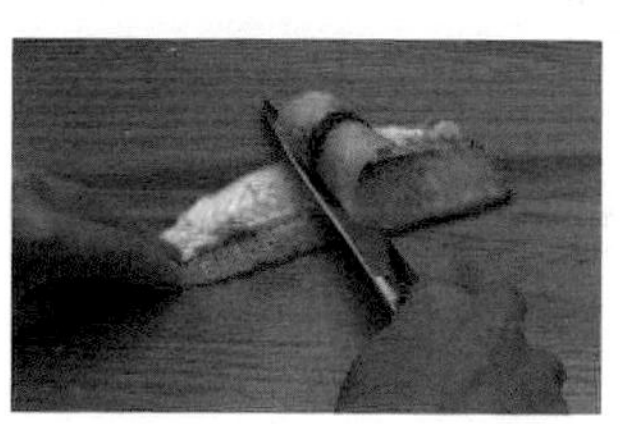

Ilustración 12

Para preparar mariscos

Existe una gran y diversa variedad de mariscos que puedes añadir a tus platillos, por ejemplo, ostras, almejas, mejillones, cangrejos, camarones, langostas, calamares y pulpos. Sin embargo, recuerda que, fuera del agua, los mariscos se descomponen rápidamente.

Para abrir bivalvos

Todos los bivalvos —ostiones, almejas y mejillones— deben estar completamente cerrados cuando los compres.

Si quieres usar las conchas para cocinar colócalas bajo el chorro de agua fría y ráspalas con un cepillo firme.

Ostiones

Con el uso de la técnica, más que de la fuerza, los ostiones son fáciles de abrir. Usa un guante grueso o un trapo de cocina para proteger la mano con la que vas a sostener el ostión y que la áspera concha no te lastime, ábrela con la otra mano usando un cuchillo para ostiones.

Introduce la punta del cuchillo en la charnela (la articulación del extremo en forma de punta) y gírala para abrir la concha (ilustración 13). No intentes abrir la concha colocando el cuchillo en la parte frontal).

Desliza el cuchillo dentro de la concha superior para cortarel músculo que une el ostión a la concha. Para servir desecha la parte superior de la concha, corta el músculo de inferior de ésta y vuelve a colocar el ostión en la media concha (ilustración 14).

Almejas

Para abrir las almejas usa un cuchillo sin filo o espátula para no cortar la carne. Puedes congelar los bivalvos con antelación durante hora y media para que los músculos se relajen —así son más fáciles de abrir.

Mete la hoja del cuchillo entre las dos mitades de la concha. Desliza el cuchillo hacia la charnela hasta que la concha se abra (ilustración 15).

Desliza la hoja al interior de una de las conchas para cortar los músculos. Haz lo mismo en el otro lado para separar la carne (ilustración 16).

Mejillones

Los hilillos de tejido que sobresalen de los mejillones se llaman bisos, o más comúnmente, barbas. Debido a que los mejillones mueren rápido después de quitarles las barbas prepáralos de inmediato después de limpiarlos.

Los mejillones se abren usando la técnica para abrir las almejas (ilustración 17).

Para limpiar cangrejos

Cangrejo de caparazón duro (cangrejo de fango)

Lávalo y frótalo bajo el chorro de agua fría. Una vez limpio puedes cocerlo a fuego lento o al vapor. Sin embargo, debido a que la mayoría de los cangrejos del fango se venden vivos, para cocinarlo primero debes matarlo y desmembrarlo, y después separar las partes comestibles.

Para matar un cangrejo instantáneamente entiérrale la punta de un cuchillo filoso justo entre los ojos (ilustración 18). Otra técnica es meter el cangrejo al congelador durante unas horas.

Coloca el cangrejo sobre su espalda y dobla la aleta central hacia atrás. Gírala y arráncala (ilustración 19). La vena intestinal está unida a la aleta y sale junto con ésta. Deséchala.

Con una mano sostén el cangrejo donde le quitaste la aleta y abre el caparazón superior con la otra mano. Arráncalo y deséchalo (ilustración 20).

Ilustración 13

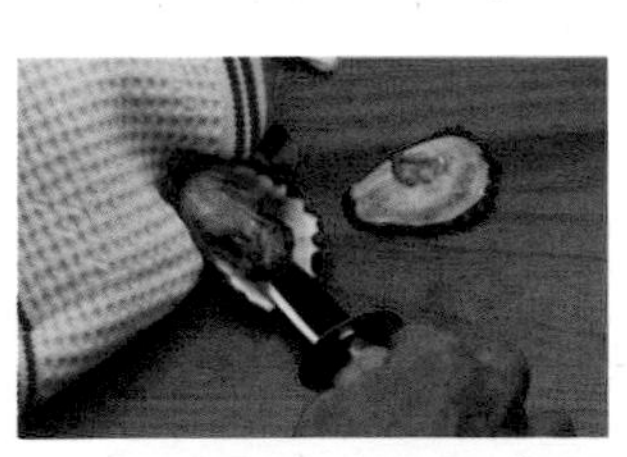
Ilustración 14

Ilustración 15

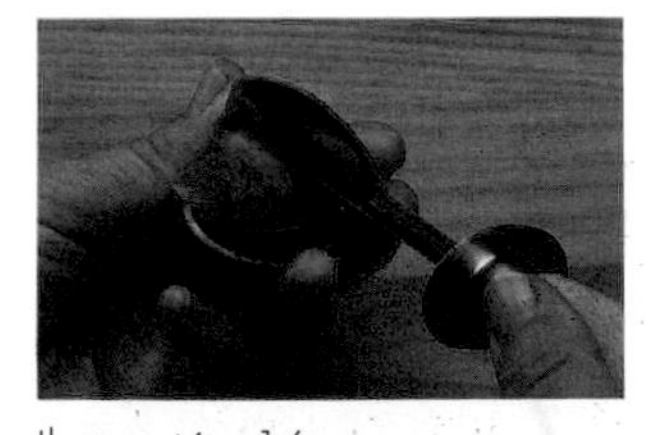
Ilustración 16

Ilustración 17

Ilustración 18

Ilustración 19

Ilustración 20

Ilustración 21

Ilustración 22

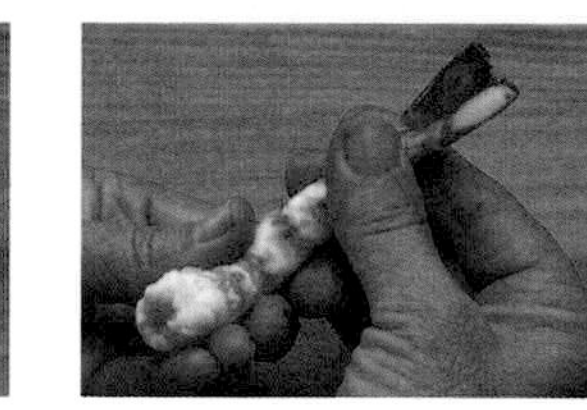
Ilustración 23

Ilustración 24

Retira las branquias, saca el saco grisáceo y jala las mandíbulas del frente del cangrejo.

Sostén el cuerpo donde las patas se unen a éste y presiona de manera que el cuerpo del cangrejo se parta por el centro en dos mitades. Dobla las mitades hacia atrás y gíralas para separarlas (ilustración 21).

Gira las pinzas y las patas para aflojarlas. Usa un martillo o cascanueces para romperlas y que sea más fácil sacar la carne.

Cangrejos de concha suave

Con un cuchillo filoso haz un corte a lo largo de los ojos. Saca el saco estomacal y deséchalo. Voltéalo y levanta la aleta central para separarla del cuerpo. Jala la aleta y saca la vena intestinal que está unida a ella, deséchala. Voltea de nuevo el cangrejo y levanta las aletas laterales cerca de las patas. Despréndelas y deshecha las branquias.

Para abrir abulones

Introduce la punta de la hoja de un cuchillo resistente a la parte delgada de la concha y por debajo de la carne. Mueve la hoja hacia delante y hacia atrás para separar el músculo de la concha. Separa la carne, quita el intestino y lava bien la carne bajo el chorro de agua fría

Separa la orla negra. Rebana horizontalmente la carne en dos mitades, envuelve los trozos en un trapo de cocina y golpéalos con el lateral de un mazo para carne hasta que estén blandos y suaves. Puedes cortar las rebanadas en tiras delgadas o picarlas, depende del método para cocinar.

Para limpiar camarones

Mucha gente prefiere quitarles la cabeza y el caparazón antes de comerlos. Sin embargo, todo el cuerpo del camarón es comestible, de acuerdo al método para cocinarlo.

Para pelar un camarón, separa la cabeza, coloca el dedo en la parte inferior, entre las patas y jálalas hacia abajo. (ilustración 22) El caparazón se desprende. Exprime la sección de la cola y se separa el resto del caparazón.

Haz un corte en el medio de la parte superior para sacar la vena intestinal. Retírala y lava el camarón bajo el chorro de agua fría (ilustración 23). En el caso de los camarones pequeños no es necesario quitar la vena. Sin embargo, la vena de los camarones más grandes algunas veces contiene vísceras que afectan el sabor.

Para limpiar cangrejos de río

Los cangrejos de río frescos se encuentran en muchos riachuelos. La carne de la cola tiene un sabor muy dulce. Por lo general son cocidos en sus conchas. Para quitar la vena intestinal sostenlo sobre una superficie firme (ilustración 24).

Sostenlo firmemente con una mano y jala la aleta para quitar la vena intestinal (ilustración 25).

Para limpiar calamares

Los calamares pueden cocerse, saltearse, freírse, rellenarse, hornearse o asarse, ten cuidado de no cocerlos demasiado porque se endurecen.

Lávalos en agua fría y corta los tentáculos justo por encima de los ojos. Exprime la parte gruesa central de los tentáculos para expulsar los órganos internos rígidos y deséchalos (ilustración 26).

Desliza los dedos desde el extremo cerrado hacia el abierto para sacar las vísceras. Saca la espina o pluma y deséchala (ilustración 27).

Mete el dedo por debajo de la piel y deslízalo para quitarla. Desprende las aletas comestibles y quítales la piel (ilustración 28).

Para limpiar langostas

Puedes comprar langostas enteras vivas o congeladas. También puedes encontrar colas de langosta, crudas y congeladas o en lata, y carne de langosta congelada o enlatada.

Para matar una langosta colócala de espaldas sobre una superficie rígida. Introduce un cuchillo grande por la boca para romper la columna vertebral. También puedes aturdirla si la metes al congelador durante 30 minutos por cada 500g.

Pésalas para calcular el tiempo de cocción. En una cacerola con agua fría con sal sumerge la langosta viva y cuécela a fuego lento pero sin que llegue a hervir durante 8 minutos por cada 500g.

Sostén la langosta en una superficie rígida. Perfora el caparazón en el centro del cuerpo detrás de la cabeza (ilustración 29).

Corta la langosta en mitades a lo largo, desecha el saco que se encuentra cerca de la cabeza y la vena intestinal de la cola (ilustración 30). Quita toda la "mostaza" del cuerpo y resérvala para sazonar las salsas.

Limpia la langosta bajo el chorro de agua fría.

Para limpiar pulpos

Corta la cabeza de la sección del cuerpo, justo por debajo de los ojos, para retirar los tentáculos. Corta los ojos y limpia la cavidad del cuerpo. Empuja los órganos internos a través del centro de los tentáculos unidos, córtalos y deséchalos.

Enjuágalo bien y presta especial atención a los tentáculos porque las ventosas pueden tener arena.

Es difícil quitar la piel del pulpo fresco y puedes dejarla para la cocción. Sin embargo, para quitarla hiérvelo en un poco de agua de 5 a 10 minutos y retira la piel cuando esté frío.

Para limpiar un pulpo entero pequeño corta la parte trasera de la cabeza y saca las vísceras. Saca los órganos internos y córtalos. Corta los ojos y enjuaga bien.

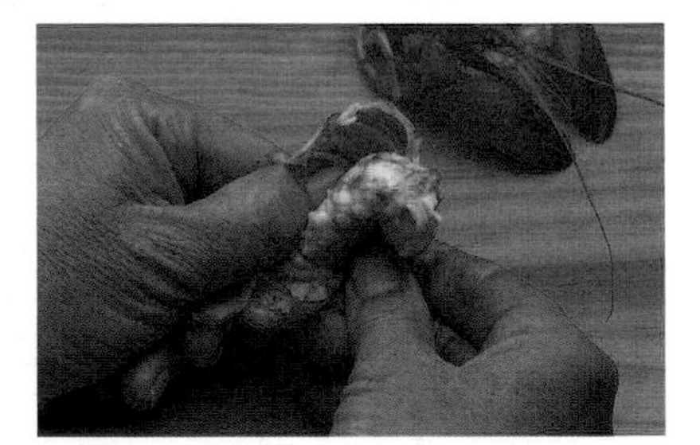

Ilustración 25

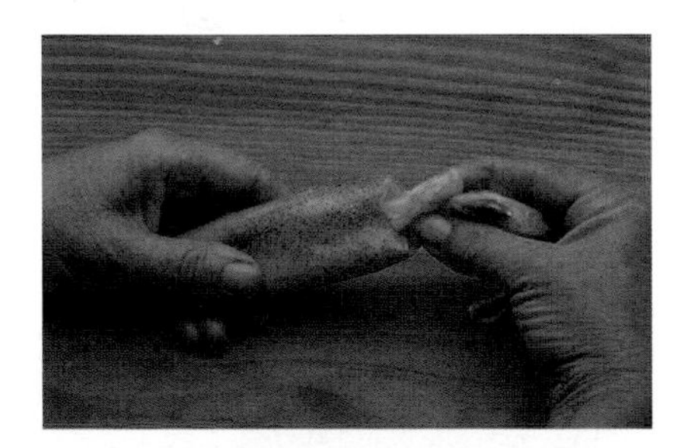

Ilustración 26

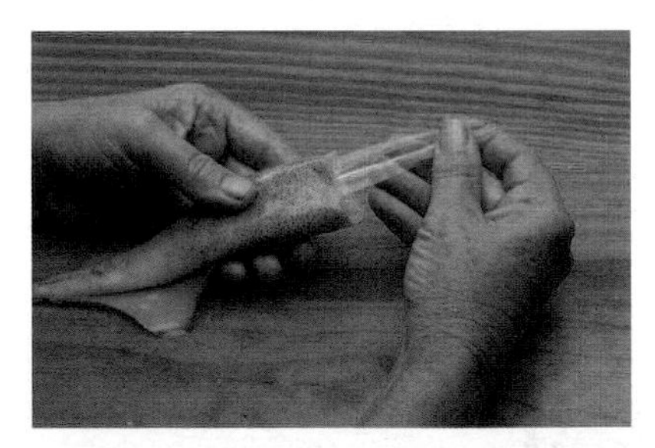

Ilustración 27

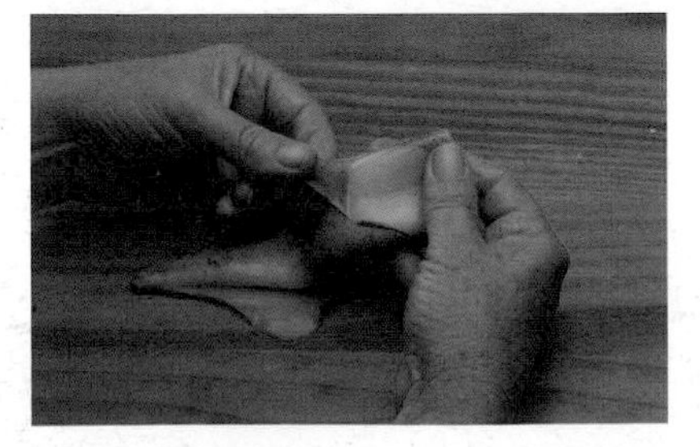

Ilustración 28

Ilustración 29

Ilustración 30

cocina selecta

sopas

SOPA ESPESA DE MARISCOS ESTILO SAN FRANCISCO

Ingredientes

8 piezas pequeñas de pan, redondas

85g de mantequilla

2 poros, finamente rebanados

2 cebollas, finamente picadas

4 dientes de ajo, machacados

2 zanahorias, peladas y picadas

1 chirivía, pelada y picada (raíz de mucho sabor parecida a la zanahoria)

2 tallos de apio, finamente rebanados

4 ramitas de tomillo, sin hojas y sin tallos

¼ taza de harina

8 tazas de caldo de pescado

1kg de mariscos variados, camarones, mejillones, almejas, calamares y pez blanco.

¾ crema espesa

½ racimo de perejil, picado

Sal y pimienta negra recién molida

Jugo de un limón amarillo grande

½ ramita de cebollín, picado

Preparación

1 Precalentar el horno a 200°C. Con un cuchillo filoso cortar un agujero grande en cada pieza de pan, quitar la tapa y reservar. Sacar el migajón de los panes y dejar la costra intacta. Hornear durante 15 minutos hasta que los panes estén crujientes y secos. Reservar.

2 En una cacerola grande derretir la mantequilla, añadir los poros, las cebollas, el ajo, las zanahorias, las chirivías, el apio y el tomillo. Saltear durante 10 minutos hasta que la mezcla esté suave y dorada. Retirar la cacerola del fuego y espolvorear la harina sobre las verduras, moviendo constantemente, para que la mantequilla se mezcle con la harina. Regresar la cacerola al fuego y seguir revolviendo hasta que la mezcla comience a dorar, 2 minutos aproximadamente.

3 Añadir el caldo, sin dejar de mover, y cocer la mezcla a fuego lento durante 20 minutos. Mientras, cortar los mariscos en trozos pequeños.

4 Añadir todos los mariscos y la crema, el perejil, la sal y la pimienta, y cocer durante 5 minutos más. No debe hervir rápidamente porque se cuaja. Cuando los mariscos estén cocidos, incorporar el jugo de limón a la sopa, con un cucharón servir en los panes. Decorar con los cebollines picados y servir. **Porciones 8**

BISQUE O CREMA DE CAMARONES

Ingredientes

300g de camarones cocidos, pelados y desvenados

½ cebolla, picada

½ taza de pasta de tomate

2½ tazas de caldo de pollo

½ taza de crema espesa

¼ cucharadita de paprika

Pimienta negra recién molida

1-2 cucharadas de jerez seco

¼ racimo pequeño de cebollines, picado

Preparación

1 En un procesador de alimentos o licuadora, poner los camarones, la cebolla y la pasta de tomate, procesar hasta formar un puré. Sin detener el motor, añadir el caldo poco a poco y procesar para mezclar.

2 En una cacerola colocar la mezcla de los camarones y cocer a fuego lento, moviendo frecuentemente, durante 10 minutos o hasta que suelte el hervor.

3 Incorporar la crema, la paprika y la pimienta negra, cocer durante 2 minutos o hasta que esté caliente. Agregar el jerez, decorar con los cebollines y servir de inmediato. **Porciones 6**

SOPA ESPESA DE MARISCOS ESTILO SAN FRANCISCO

SOPA THAI DE CAMARONES CON LIMONCILLO

Ingredientes

300g de camarones grandes, crudos
3 tallos de limoncillo
4 tazas de caldo de pescado
2cm de jengibre pelado, en tiras finas
2 hojas de lima
½ piña pequeña, pelada, sin centro
1 cucharada de salsa de pescado
1 cucharada de jugo de limón verde
6 cebollas de cambray, finamente rebanadas en diagonal
¼ taza de cilantro fresco
Pimienta negra recién molida
1 limón verde, en rodajas

Preparación

1 Pelar y desvenar los camarones, dejar las colas intactas. Reservar el caparazón y desechar las venas. Cortar en mitades las ramitas de limoncillo y machacar las bases con la parte plana de un cuchillo.

2 En una cacerola mediana colocar los caparazones de los camarones junto con el caldo y dejar que suelte el hervor lentamente. Reducir el fuego y cocer a fuego lento durante 10 minutos. Colar, devolver a la cacerola y añadir el limoncillo, el jengibre y las hojas de lima, hervir a fuego lento.

3 Cortar la piña en trozos delgados y añadir al caldo junto con los camarones. Cocer a fuego lento hasta que los camarones tomen un color rosa y estén suaves (unos cuantos minutos, dependiendo de su tamaño). Añadir la salsa de pescado, el jugo del limón verde, las cebollas de cambray y el cilantro.

4 Retirar el limoncillo y las hojas de lima, sazonar con pimienta y servir de inmediato con una rodaja de limón verde. **Porciones 6**

SOPA AGRIA DE CAMARONES

Ingredientes

1kg de camarones medianos, crudos
1 cucharada de aceite vegetal
8 rebanadas de jengibre fresco
8 hojas de lima y 2 hojas picadas
2 tallos de limoncillo, magullados
2 chiles rojos frescos, en mitades y sin semillas, y 1 chile, picado y sin semillas
¼ taza de cilantro fresco
2 cucharadas de jugo de limón verde

Preparación

1 Pelar y desvenar los camarones. Reservar las cabezas y los caparazones. En una cacerola grande calentar el aceite a fuego alto, añadir las cabezas y los caparazones de los camarones, cocinar moviendo durante 5 minutos o hasta que los caparazones cambien de color. Añadir el jengibre, las hojas de limón verde, el limoncillo, los chiles en mitades y 8 tazas de agua, tapar y hervir a fuego lento. Revolver ocasionalmente, durante 15 minutos.

2 Colar el líquido en una cacerola limpia y desechar los sólidos. Agregar los camarones y cocer durante 2 minutos. Agregar el cilantro, el chile picado y el jugo de limón verde, cocer durante 1 minuto más o hasta que los camarones estén tiernos.

3 Con un cucharón servir la sopa en tazones, decorar con las hojas magulladas de limón verde. **Porciones 4**

SOPA DE POLLO Y CAMARONES

Ingredientes

1 cucharada de aceite vegetal
1 cebolla, picada
1 pimiento rojo, picado
2 dientes de ajo, machacados
1 trozo de jengibre de 1cm, finamente picado
4 tazas de caldo de pollo
125g de muslo o filetes de pechuga de pollo, rebanados
20 camarones pequeños crudos, pelados y sin vena
125g de fideos de arroz
225g de brotes de bambú, colados y en rebanadas
5 champiñones, finamente rebanados
¼ lechuga, picada
2 cebollas de cambray, finamente rebanadas
¼ taza de cilantro, finamente picado
1½ cucharadas de salsa de soya
Pimienta negra recién molida

Preparación

1 En una cacerola grande calentar el aceite a fuego medio, añadir la cebolla y el pimiento, saltear moviendo durante 5 minutos o hasta que la cebolla se suavice. Añadir el ajo y el jengibre, saltear durante 2 minutos más.

2 Añadir el caldo y dejar que suelte el hervor. Agregar el pollo, los camarones, los fideos, los brotes de bambú y los champiñones, reducir el fuego y hervir a fuego lento durante 5 minutos o hasta que los fideos estén tiernos.

3 Incorporar la lechuga, las cebollas de cambray, el cilantro, la salsa de soya y la pimienta negra al gusto, servir de inmediato. **Porciones 4**

SOPA PICANTE DE CAMARONES

Ingredientes

4 tazas de caldo de pescado
1 trozo de 5cm de jengibre
8 hojas de lima
2 tallos de limoncillo
2 cucharadas de jugo de limón verde
Cáscara de 1 limón verde, finamente rebanada
2 cucharadas de salsa de pescado
2 cucharadas de pasta de curry rojo Thai
500g de camarones grandes crudos, sin caparazón y sin venas, con colas
3 cebollas de cambray, rebanadas en diagonal
½ taza de cilantro
1 chile rojo pequeño fresco, rebanado

Preparación

1 En una cacerola grande verter el caldo y dejar que suelte el hervor a fuego medio. Añadir el jengibre, las hojas de limón verde, el limoncillo, la cáscara de limón, la salsa de pescado y la pasta de curry, hervir a fuego lento durante 10 minutos, revolver ocasionalmente.

2 Añadir los camarones y las cebollas de cambray, hervir a fuego lento durante 5 minutos más o hasta que los camarones estén cocidos.

3 Retirar el jengibre y desechar. Espolvorear el cilantro y el chile rebanado sobre la sopa, servir. **Porciones 4**

GAZPACHO DE ELOTES Y CAMARONES

Ingredientes

4 jitomates Saladet grandes, en mitades
1 pimiento amarillo, en cuartos y sin semillas
½ cucharadita de salsa Tabasco
1 cucharadita de sal
2 mazorcas de elote
1 poro pequeño, sólo las partes blancas
1 diente de ajo, pelado
1 cebolla morada pequeña
1 cucharada de aceite de oliva
2 cucharaditas de paprika dulce
500g de langostinos, sin caparazón, con colas
Jugo de 2 limones verdes
¼ taza de perejil, picado
⅓ taza de cilantro
1 limón verde, rebanado

Preparación

1 En un procesador de alimentos procesar ligeramente los jitomates, verter en un tazón grande. Procesar el pimiento amarillo hasta que esté finamente picado y añadirlo a los jitomates. Agregar la salsa Tabasco y sal al gusto. Refrigerar de 1 a 8 horas.

2 Con un cuchillo filoso desgranar el elote. Calentar una sartén a fuego alto, añadir los granos de elote y asar hasta que tomen un color café dorado. Reservar.

3 Lavar el poro, colocarlo en un procesador de alimentos junto con el ajo y la cebolla, picar finamente. De manera alternativa picar finamente con un cuchillo. En una sartén calentar el aceite, añadir el poro, la mezcla de la cebolla y el ajo y la paprika, saltear a fuego medio durante 5 minutos o hasta que las verduras estén suaves y comiencen a dorar.

4 Colocar la mezcla de la cebolla a un lado de la sartén y añadir los camarones crudos. Dejar que se cuezan hasta que tomen color naranja, voltearlos y cocerlos del otro lado.

5 Incorporar los camarones con la mezcla de la cebolla. Agregar la mezcla de los camarones al tomate frío y revolver incorporar bien. Añadir los granos de elote, el jugo de limón verde y el perejil, mezclar bien antes de refrigerar.

6 Para servir, dividir el gazpacho en 6 copas de Martini y decorar con las hojas de cilantro, el resto de los granos de elote y las rebanadas de limón verde. **Porciones 6**

SOPA DE CAMARONES Y CANGREJO

Ingredientes

6 jitomates Saladet, picados
2 cebollas, picadas
1 cucharada de aceite vegetal
4 dientes de ajo, machacados
4 ramitas de orégano
2 manojos de cilantro
1 cabeza de pescado como huachinango, robalo, bacalao o eglefino
2 cangrejos crudos, limpios y en trozos
12 camarones medianos crudos, sin caparazón y sin vena
180g de filetes de merluza de cola azul, en trozos

Preparación

1. En un procesador de alimentos o licuadora procesar los jitomates y las cebollas hasta formar un puré.
2. En una cacerola calentar el aceite a fuego medio, añadir el ajo, el pure de jitomate y freír revolviendo durante 5 minutos o hasta que dore. Agregar las cabezas de pescado y 10 tazas de agua, hervir a fuego lento durante 20 minutos. Colar el caldo y desechar los sólidos. Verter el caldo en una cacerola limpia.
3. Agregar los cangrejos y los camarones al caldo, dejar que suelte el hervor a fuego lento y cocer durante 3 minutos. Añadir el pescado y hervir a fuego lento de 1 a 2 minutos más o hasta que esté cocido. **Porciones 6**

SOPA AGRIA ESPECIAL

Ingredientes

4 chalotes (parecido al ajo, pero con dientes más grandes), rebanados
2 chiles verdes frescos, picados
2 hojas de lima
4 rebanadas de jengibre fresco
8 tazas de caldo de pescado, de pollo o de verduras
250g de filetes de pescado firmes, cortados en trozos
12 camarones medianos crudos, sin caparazón y sin vena
12 mejillones, tallados y sin barba
125g de champiñones ostra o champiñones paja
3 cucharadas de jugo de limón verde
2 cucharadas de salsa de pescado
¼ taza de cilantro
1 limón verde, en gajos

Preparación

1. En una cacerola colocar los chalotes, los chiles, las hojas de limón verde, el jengibre y el caldo, dejar que suelte el hervor a fuego alto. Bajar el fuego y cocinar a fuego lento durante 3 minutos.
2. Añadir el pescado, los camarones, los mejillones y los champiñones, cocer de 3 a 5 minutos o hasta que los mariscos y el pescado estén cocidos. Desechar los mejillones que no se abran después de 5 minutos de cocción. Verter el jugo de limón verde y la salsa de pescado. Servir con un cucharón en tazones, espolvorear el cilantro y decorar con los gajos de limón. **Porciones 6**

SOPA PICANTE DE PESCADO, TOMATE Y GARBANZOS

Ingredientes

1 cucharada de aceite de oliva
1 cebolla, picada
1 cucharadita de cilantro, molido
1 cucharadita de comino, molido
1 cucharadita de pimienta inglesa
1 chile verde, finamente rebanado
400g de tomates de lata, picados
400g de garbanzos de lata, colados y enjuagados
4 tazas de caldo de pescado, reducido en sales
500g de filetes de pescado blanco firme, como pez rojo, besugo o robalo, en trozos grandes
⅓ taza de cuscús (pequeños granos de sémola de trigo)
⅓ taza de yogur natural
¼ taza de perejil fresco, picado
¼ taza de menta fresca, picada

Preparación

1 En una cazuela grande calentar el aceite, añadir la cebolla y saltear a fuego medio durante 3 minutos o hasta que la cebolla esté suave y dorada.

2 Agregar las especias y el chile, saltear hasta que suelten las fragancias, aproximadamente 2 minutos. Incorporar los tomates, los garbanzos y el caldo de pescado, dejar que suelte el hervor. Reducir el fuego y cocinar a fuego lento durante 15 minutos, sin tapar.

3 Añadir el pescado y cocer durante 5 minutos o hasta que el pescado esté tierno. Retirar la sopa del fuego, añadir el cuscús y tapar. Dejar reposar durante 10 minutos o hasta que el cuscús esté suave.

4 Servir con una cucharada de yogur, espolvorear el perejil y la menta. Acompañar con rodajas de pan árabe.
Porciones 6

SOPA ESPAÑOLA DE PESCADO CON AZAFRÁN

Ingredientes

2 cucharadas de aceite de oliva

2 zanahorias grandes, finamente picadas

3 poros, finamente rebanados y bien lavados

1 pimiento rojo, picado

1 pimiento verde, picado

1 cucharada de paprika

1 pizca grande de hilos de azafrán

2 tazas de vino blanco

3 tazas de caldo de pescado

400g de filetes de pescado blanco, cortado en cubitos

400g de camarones, sin caparazón y sin vena

400g de calamares baby

¼ taza de perejil, picado

1 limón amarillo, en gajos

Preparación

1 En una cacerola grande calentar el aceite de oliva y agregar las zanahorias, los poros y los pimientos, saltear hasta que estén suaves, aproximadamente 10 minutos. Añadir la paprika y el azafrán, saltear durante unos minutos más.

2 Verter el vino y el caldo, dejar que suelte el hervor y cocinar a fuego lento durante 15 minutos. Añadir el pescado, los camarones y los calamares, cocinar a fuego lento durante 5 minutos más. Espolvorear el perejil, servir con un gajo de limón. **Porciones 6**

SOPA DE FIDEOS CON PESCADO

Ingredientes

Abundante aceite vegetal para freír

500g de filetes de pescado blanco, cortados en trocitos

1 trozo de jengibre de 1cm, picado

1 diente de ajo, machacado

1½ pimiento rojo, sin semillas y picado

4 cebollas de cambray, en trozos de 4cm, separar la parte blanca de la verde

4 tazas de caldo de pescado

1 cucharada de salsa de ostión

½ cucharadita de pimienta negra molida

2 cucharaditas de aceite de ajonjolí

1 cucharada de jerez, seco

250g de fideos de huevo, hervidos

Preparación

1 En una cacerola calentar el aceite vegetal y freír el pescado durante 2½ minutos. Retirar y escurrir el exceso de aceite.

2 Eliminar casi todo el aceite, añadir el ajo y el jengibre, freír hasta que estén suaves. Agregar el pescado, dos tercios de los pimientos y las partes blancas de las cebollas de cambray. Freír revolviendo durante 3 minutos, agregar el caldo y hervir. Añadir las partes verdes de las cebollas de cambray, la salsa de ostión, pimienta negra, 1 cucharadita de aceite de ajonjolí, y el jerez, hervir a fuego lento durante 1 minuto, revolviendo.

3 Agregar los fideos cocidos, calientes y colados junto con el resto del aceite de ajonjolí. Incorporar. Servir de inmediato decorado con el resto del pimiento. **Porciones 4**

SOPA ESPAÑOLA DE PESCADO CON AZAFRÁN

SOPA RÚSTICA MEDITERRÁNEA

Ingredientes

250g de filetes de pescado blanco firme como pez rojo, robalo o salmonete, en trozos grandes
1 cucharada de aceite de oliva
2 dientes de ajo, machacados
1 cebolla, finamente picada
½ taza de vino blanco
400g de tomates de lata, en cuadritos
4 tazas de caldo de pescado
1 pizca de hilos de azafrán
2 papas, peladas, en cubos grandes
200g de tubos de calamar, limpios, cortados en aros
300g de camarones, pelados y sin vena, con colas
200g de mejillones, tallados y sin barba

Preparación

1 En una cacerola grande calentar el aceite. Añadir el ajo y la cebolla, freír a fuego medio durante 3 minutos o hasta que la cebolla esté dorada. Agregar el vino blanco y dejar que suele el hervor. Cocer a fuego alto hasta que casi todo el líquido reduzca.

2 Agregar los tomates, el caldo de pescado, el azafrán y las papas, hervir a fuego lento durante 15 minutos o hasta que las papas estén tiernas. No cocer en exceso para que las papas no se deshagan.

3 Añadir todos los mariscos y el pescado, cocinar a fuego lento de 3 a 5 minutos o hasta que estén suaves. Servir con pan italiano. **Porciones 6**

SOPA DE MEJILLONES

Ingredientes

1kg de mejillones, limpios y frotados
1 cebolla pequeña, rebanada y ½ cebolla finamente picada
1 tallo de apio, rebanado
1 diente de ajo, machacado
½ taza de vino blanco
50g de coliflor, en racimos
½ pimiento rojo, finamente picado
1 pizca de hilo de azafrán
10 semillas de cilantro, molidas grueso
2 cucharadas de vinagre de jerez
60g de mantequilla
2 cucharadas de harina común
2 cucharadas de crema espesa
Sal y pimienta negra recién molida
4 ramitas de perejil
1 manojo pequeño de cebollín, picado

Preparación

1 En una cacerola colocar los mejillones junto con la cebolla rebanada, el apio, el ajo y el vino blanco. Cocer hasta que los mejillones se abran, mover frecuentemente para que se cuezan uniformemente. Retirar y reservar. Colar el caldo y reservar.

2 En una cacerola grande a fuego alto verter 1 taza de agua, la zanahoria, la coliflor, el pimiento rojo, la cebolla, el azafrán y las semillas de cilantro. Dejar que suelte el hervor y agregar el vinagre de jerez. Retirar del fuego y dejar enfriar. Una vez frío, colar las verduras del líquido de cocción. Reservar las verduras y el líquido.

3 En una cacerola derretir a fuego medio la mantequilla, agregar la harina y revolver con una cuchara de madera, cocinar ligeramente durante 2 minutos. Añadir el caldo y el líquido de cocción, batir con una batidora de mano y cocer ligeramente hasta que espese y adquiera una consistencia suave.

4 Agregar las verduras reservadas, los mejillones y la crema, dejar que suelte le hervor. Sazonar si es necesario, agregar el perejil y el cebollín justo antes de servir. **Porciones 4**

SOPA DE MEJILLONES, ENDIBIAS Y ALBAHACA

Ingredientes

1kg de mejillones negros
1 cebolla pequeña, rebanada
1 tallo de apio, rebanado
1 diente de ajo, machacado
¾ taza de vino blanco
30g de mantequilla
2 endibias o endibias belgas, hojas sueltas
2 cucharadas de crema espesa
15 hojas de albahaca, finamente picadas
Sal y pimienta negra recién molida

Preparación

1 En una sartén colocar los mejillones junto con la cebolla, el apio, el ajo y el vino blanco. Cocer hasta que los mejillones se abran, mover frecuentemente para que se cuezan de manera uniforme. Retirarlos y reservar. Colar el caldo y reservar.

2 En una cacerola derretir la mantequilla y freír revolviendo las endibias. Agregar el caldo, la crema y la albahaca, mezclar los ingredientes hasta que estén bien incorporados.

3 Agregar los mejillones y calentar hasta que suelte el hervor. Sazonar al gusto y servir en tazones individuales. **Porciones 4**

CALDO DE ALMEJA PIPI Y MEJILLONES NEGROS

Ingredientes

2 cucharadas de aceite vegetal
1 cebolla, finamente picada
2 cucharadas de pasta tom yum (condimento típico de la cocina tailandesa a base de chile y tamarindo)
200g de almeja pipi, limpia
200g de mejillones, limpios
4 tazas de caldo de pollo
1 ramita de limoncillo, machacada
Jugo de 1 limón verde
¾ taza de cilantro, picado
1 cucharada de salsa de pescado

Preparación

1 En un wok o cacerola grande, calentar el aceite a fuego alto, añadir la cebolla, la pasta tom yum, las almejas y los mejillones. Tapar y hervir a fuego lento durante 30 segundos.

2 Verter el caldo de pollo, el limoncillo, el jugo de limón verde, dos tercios del cilantro y la salsa de pescado, revolver bien. Cocer hasta que todas las conchas abran.

3 Retirar el limoncillo y servir en tazones, decorar con el resto del cilantro. **Porciones 4**

MEJILLONES MALTESES

Ingredientes

⅓ taza de aceite de oliva
1 cebolla mediana, finamente picada
3 dientes de ajo, machacados
2 pimientos asados, pelados, picados
2 jitomates Saladet, picados
½ bulbo de hinojo, picado
½ tallo de apio, picado
½ taza de vino blanco
Jugo y ralladura de 1 naranja
¾ taza de jugo de tomate
2 tazas de caldo de pollo
Sal y pimienta negra recién molida
⅛ cucharadita de paprika
⅛ cucharadita de pimienta de Cayena
500g de mejillones negros, limpios
1 cebolla de cambray, rebanada

Preparación

1. En una cacerola grande calentar a fuego medio el aceite, añadir el ajo, la cebolla, el pimiento, el jitomate, el hinojo y el apio, saltear durante 10 minutos.
2. Verter el vino blanco, el jugo y la ralladura de la naranja, el caldo de pollo y sazonar, cocinar durante 20 minutos.
3. Agregar los mejillones y cocer hasta que todos se hayan abierto, entre 8 y 10 minutos aproximadamente.
4. Colocar la cebolla de cambray por encima y servir con pan. **Porciones 4**

SOPA ESPESA DE ALMEJAS

Ingredientes

125g de mantequilla
3 tiras de tocino, finamente picadas
1½ cebollas, finamente picadas
½ tallo de apio, finamente picado
½ taza de harina común
2½ tazas de leche
1½ tazas de caldo de pescado
3 papas, hervidas, en cuadritos
500g de carne de almeja
500g de almejas enteras
Sal y pimienta negra recién molida
½ taza de crema espesa
¼ taza de cebollín, picado
¼ taza de perejil, finamente picado

Preparación

1 En una cacerola derretir la mantequilla y agregar el tocino, la cebolla y el apio. Saltear durante 5 minutos o hasta que estén suaves. Añadir la harina y cocinar durante 2 minutos, revolviendo constantemente.

2 Verter la leche, el caldo de pescado y las papas, tapar y hervir a fuego lento durante 10 minutos. Añadir la carne de las almejas y cocer durante 5 minutos más. Agregar las almejas enteras y cocer durante 5 minutos hasta que se abran. Sazonar al gusto, retirar del fuego e incorporar la crema.

3 Servir con un cucharón en tazones, decorar con los cebollines y el perejil. **Porciones 4**

SOPA DE CANGREJO

Ingredientes

170g de carne de cangrejo
4 champiñones chinos secos
225g de brotes de bambú de lata
1 cucharada de aceite vegetal
1 poro, en tiras
1 trozo de jengibre de 2cm, rallado
2 cucharaditas de salsa de soya
1 cucharada de mirin o jerez seco (ver página 59)
6 tazas de caldo de pollo o pescado, caliente
2 cucharaditas de sal
Pimienta negra recién molida
1½ cucharadas de maicena
1 huevo, batido
¼ taza de perejil, picado

Preparación

1 Colar y partir la carne de cangrejo.

2 Remojar en agua los champiñones durante 10 minutos, quitar los tallos y rebanar los sombreros. Colar los brotes de bambú y cortar en tiras.

3 En un wok o sartén calentar el aceite y agregar los champiñones, el poro, los brotes de bambú y el jengibre, saltear revolviendo durante 1 minuto.

4 Agregar la carne de cangrejo, esparcir la salsa de soya y el mirin, verter el caldo. Cuando suelte el hervor quitar la espuma. Sazonar con sal y pimienta. Mezclar la maicena con un poco de agua y agregarla a la sopa.

5 Incorporar el huevo batido y mezclar revolviendo ligeramente para que el huevo cuaje en pequeñas tiras. Espolvorear el perejil picado y servir. **Porciones 4**

SOPA IRLANDESA DE OSTIONES

Ingredientes

2 papas grandes, con cáscara

4 tazas de agua

1lt de leche

1 bouquet garni (ramillete de hierbas aromáticas y especias)

50g de mantequilla

125g de tocino, picado

Sal y pimienta negra recién molida

36 ostiones frescos, sin concha, reservar el líquido

½ taza de perejil, picado

Preparación

1 Cocer las papas en agua hirviendo con sal hasta que estén suaves. Mientras, hervir la leche y retirar del fuego, sumergir el bouquet garni, dejar que se impregne. Freír el tocino en la mitad de la mantequilla hasta que esté cocido, retirar el exceso de grasa.

2 Pelar las papas y machacarlas, retirar el bouquet garni de la leche y mezclarla con las papas. Agregar el tocino y sazonar al gusto. Dejar que suelte el hervor, moviendo constantemente, agregar los ostiones y el líquido. Hervir a fuego lento durante unos minutos. Sazonar si es necesario e incorporar el resto de la mantequilla. Servir con perejil. **Porciones 6**

SOPA ESPESA DE OSTIONES ESTILO MANHATTAN

Ingredientes

2 cucharadas de aceite de oliva

1 cebolla, picada en trozos medianos

1½ tazas de setas, cortadas en cuartos

2 dientes de ajo, machacados

3 tazas de caldo de pescado

400g de tomates de lata, picados

1 hoja de laurel

1 ramita de romero

1 ramita de orégano

1 pizca de hojuelas de chile

1 calabacita italiana, en trozos medianos

400g de ostiones

¼ taza de perejil, picado

Preparación

1 En una cacerola grande calentar el aceite y saltear la cebolla y las setas hasta que la cebolla dore y las setas tomen color café. Agregar el ajo y mover durante 1 minuto más. Verter el caldo de pescado y agregar los tomates con su jugo. Incorporar la hoja de laurel, el tomillo, el orégano y las hojuelas de chile. Dejar que suelte el hervor, reducir el fuego y cocinar a fuego lento durante 25 minutos, tapar parcialmente.

2 Agregar la calabacita, tapar y hervir a fuego lento durante 10 minutos o hasta que la calabacita esté casi tierna. Agregar los ostiones y cocer, sin tapar, hasta que la orilla de los ostiones comience a ondularse —no cocer en exceso—. Retirar las ramitas de romero y de orégano.

3 Con un cucharón servir en tazones. Espolvorear el perejil y servir de inmediato. **Porciones 4**

BISQUE O CREMA DE OSTIONES

Ingredientes

20 ostiones frescos, sin conchas, reservar el líquido

1 taza de caldo de pescado o de verduras

½ taza de vino blanco

1 cebolla blanca pequeña o ½ poro, picado

1 tallo de apio, picado

3 papas medianas, peladas, en cubos

4 ramitas de tomillo, sin hojas, sin tallos

½ taza de leche

Pimienta negra recién molida

Preparación

1 Verter el líquido de los ostiones al caldo.

2 En una cacerola grande calentar a fuego lento 2 cucharadas del vino. Agregar la cebolla o poro y saltear moviendo de 4 a 5 minutos o hasta que la cebolla esté transparente. Añadir las papas y el tomillo, verter la mezcla del caldo y el resto del vino, hervir a fuego lento de 10 a 15 minutos o hasta que las papas estén suaves y se haya absorbido casi todo el caldo. Dejar enfriar ligeramente.

3 Pasar la mezcla a un procesador de alimentos o licuadora. Agregar la mitad de los ostiones, la leche y pimienta al gusto y procesar para formar un puré. Verter la mezcla en una cacerola limpia y dejar que suelte el hervor. Retirar la sopa del fuego e incorporar el resto de los ostiones.

4 Con un cucharón servir en tazones calientes. **Porciones 4**

SOPA ESPESA DE OSTIONES ESTILO MANHATTAN

CREMA ESPESA DE LANGOSTAS

Ingredientes

2 cucharadas de arroz sancochado
1 cucharadita de sal
¼ cucharadita de pimienta
¼ cucharadita de paprika
¼ de cebolla, finamente picada
1 tallo de apio, rebanado
½ pimiento rojo, picado
2 tazas de leche
2 tazas de crema espesa
200g de carne de langosta, cortada en cubos
30g de mantequilla

Preparación

1 En una cacerola mezclar el arroz, la sal, la pimienta, la paprika, la cebolla, el apio, el pimiento, la leche y la crema. Cocer a fuego medio de 10 a 12 minutos, moviendo frecuentemente, hasta que el arroz se suavice.

2 Añadir la langosta y la mantequilla. Retirar del fuego, dejar enfriar y guardar en el refrigerador. Recalentar a fuego medio justo antes de servir, mover frecuentemente. **Porciones 4**

Es mejor que la crema repose por lo menos durante 5 horas antes de servirla, prepárala con tiempo.

SOPA DE OSTIONES Y QUESO BRIE

Ingredientes

3 docenas de ostiones pequeños, reservar el líquido
90g de mantequilla, sin sal
½ taza de harina común
1 cebolla grande, picada grueso
½ tallo de apio, picado grueso
½ cucharadita de pimienta blanca
½ cucharadita de paprika
500g de queso brie, en trozos pequeños
2 tazas de crema espesa
½ racimo de cebollas de cambray, picadas
½ taza de champán
100g de jamón ahumado, finamente picado
250g de tocino, frito, en trozos

Preparación

1 Mezclar los ostiones, el líquido de los ostiones y 4 tazas de agua fría, refrigerar durante 1 hora.

2 Colar los ostiones y reservar el líquido.

3 En una sartén grande derretir la mantequilla a fuego lento. Agregar la harina y mover hasta obtener una mezcla suave. Añadir la cebolla y el apio, saltear durante 3 minutos aproximadamente, mover ocasionalmente. Incorporar la paprika y la pimienta, saltear durante 2 minutos más y reservar.

4 En una cacerola grande verter el líquido de los ostiones y dejar que suelte el hervor. Incorporar la mezcla de las verduras. Aumentar a fuego alto. Agregar el queso y cocer durante 2 minutos, moviendo ocasionalmente, hasta que el queso comience a derretirse. Bajar a fuego lento y dejar hervir durante 4 minutos, mover ocasionalmente.

5 Retirar del fuego, colar la sopa y devolverla a la cacerola. Cocinar a fuego alto durante 1 minuto sin dejar de revolver. Agregar la crema y cocinar hasta que esté a punto de hervir, aproximadamente 2 minutos. Añadir las cebollas de cambray y la champán.

6 Reducir a fuego lento y añadir los ostiones y el jamón. Sazonar si es necesario. Servir de inmediato cuando los ostiones se cuezan, decorar con el tocino. **Porciones 4**

CREMA ESPESA DE ABULONES

Ingredientes

- 2 tiras de tocino, en trozos de 2.5cm
- 1 cebolla mediana, picada
- 3 dientes de ajo, machacados
- 2 tallos de apio, picados
- 1 zanahoria grande, rebanada
- 1 chile, sin semillas, picado
- 400g de tomates de lata, picados
- 2 cucharadas de pasta de tomate
- 2 hojas de laurel
- 2 ramitas de tomillo, sin hojas, sin tallos
- ½ cucharadita de sal
- ½ cucharadita de granos de pimienta negra, molidos
- 1 taza de caldo de pollo
- 500g de filetes de abulón, molido o finamente picado
- 2 papas rojas medianas, picadas
- 2 cucharadas de harina común
- ½ taza de jerez seco

Preparación

1. En una cacerola grande freír el tocino hasta que esté crujiente. Retirar casi toda la grasa y reservar una pequeña cantidad. Freír la cebolla, el ajo, el apio, la zanahoria y el chile en la grasa restante del tocino, de 3 a 4 minutos hasta que las verduras estén suaves.
2. Agregar los tomates y el jugo, la pasta de tomate, las hojas de laurel, el tomillo, la sal y la pimienta. Verter el caldo de pescado, 6 tazas de agua, los abulones y las papas. Dejar que la mezcla suelte el hervor y bajar a fuego lento. Dejar cocinar a fuego lento de 40 a 45 minutos, sin tapar.
3. En una jarra con tapa hermética mezclar la harina con 2 cucharadas de agua y 2 cubitos de hielo. Agitar vigorosamente y verter la mezcla de harina y agua a la sopa cremosa. Añadir el jerez. Mezclar y aumentar el fuego. Dejar que la mezcla hierva ligeramente hasta que el caldo espese un poco.
4. Sazonar si es necesario con más jerez y pimienta, servir. **Porciones 10**

cocina selecta

ensaladas

ENSALADA DE MARISCOS A LA PARRILLA

Ingredientes

2 cucharadas de jugo de limón amarillo

1 cucharada de aceite de oliva

300g de pescado blanco firme como pez espada, caballa o bacalao, en cubos de 2.5cm

300g de pescado rosado como salmón, pez vela o atún, en cubos de 2.5cm

12 callos de hacha

12 camarones crudos (con o sin caparazón)

1 calamar, en aros

1 manojo de berros, en ramitas

1 cebolla morada grande, en aros

1 pepino grande, pelado y en rebanadas finas

Aderezo de frambuesa y estragón

3 ramitas de estragón, separar las hojas, sin tallos

2 cucharadas de vinagre de frambuesa o de vino tinto

2 cucharadas de jugo de limón amarillo

1 cucharada de aceite de oliva

Pimienta negra recién molida

Preparación

1 En un tazón grande mezclar el jugo de limón y el aceite, revolver para incorporar. Añadir el pescado blanco y el rosado, los callos de hacha, los camarones y los calamares. Mezclar. Tapar y marinar en el refrigerador durante 1 hora hasta antes de servir (no marinar más de 2 horas).

2 Para el aderezo, en una jarra con tapa de rosca colocar el estragón, el vinagre, el jugo de limón y la pimienta negra. Agitar para combinar.

3 Precalentar la parrilla a intensidad alta. Forrar un platón para servir con los berros. Colar la mezcla del pescado y los mariscos y colocarla sobre la parrilla. Agregar la cebolla y cocer, voltear varias veces, de 6 a 8 minutos o hasta que el pescado y los mariscos estén cocidos. No cocer en exceso para evitar que el pescado se seque y se endurezca.

4 Transferir el pescado y los mariscos a un tazón. Añadir los pepinos y el aderezo. Mezclar. Colocar la mezcla del marisco sobre la cama de berros y servir de inmediato. **Porciones 8**

ENSALADA DE LANGOSTINOS Y AGUACATE

Ingredientes

750g de langostinos, cocidos

1 aguacate, rebanado

1 toronja, en gajos

Aderezo

2 cucharadas de mayonesa

2 cucharadas de crema agria

1 cucharada de yogur natural

½ taza de menta, picada

Preparación

1 Pelar y limpiar los langostinos. Acomodar los langostinos, el aguacate y la toronja en un platón para servir.

2 Para hacer el aderezo, mezclar la mayonesa, la crema agria, el yogur y la menta. Verter sobre los langostinos y la fruta, servir de inmediato. **Porciones 4**

ENSALADA DE MARISCOS A LA PARRILLA

ENSALADA DE LANGOSTINOS Y DURAZNOS

Ingredientes

200g de duraznos deshidratados
1 cucharada de jugo de limón amarillo
Ralladura de 1 limón amarillo
2 cucharaditas de azúcar morena
½ cucharadita de sal
½ cucharadita de pimienta negra recién molida
⅓ taza de vinagre de jerez
2 gotitas de salsa Tabasco
2 cucharaditas de mostaza de Dijon
1 huevo
⅔ taza de aceite de oliva
500g de hojas de lechugas mixtas
12 langostinos, pelados y sin vena

Preparación

1 En un plato plano colocar los duraznos. Mezclar el jugo de limón, la ralladura de limón, el azúcar, la sal, la pimienta, el vinagre y la salsa Tabasco, y verter sobre los duraznos. Dejar reposar a temperatura ambiente durante 30 minutos.

2 Retirar los duraznos de la mezcla del vinagre. Colocar la mezcla del vinagre en un procesador de alimentos o licuadora, agregar la mostaza y el huevo, procesar hasta que se suavice. Con el motor encendido añadir el aceite en un chorro fino y constante hasta que el aderezo se torne cremoso y espese ligeramente.

3 Dividir las hojas para ensalada en 4 platos. Dividir los duraznos y los langostinos en partes iguales en cada plato. Con una cuchara verter aderezo sobre cada plato y servir de inmediato. **Porciones 4**

ENSALADA MEDITERRÁNEA

Ingredientes

200g de cuscús (pequeños granos de sémola de trigo)
1 cucharada de aceite de oliva
1 cucharada de vinagre balsámico
Pimienta negra recién molida
1 pepino, rebanado
1 pimiento verde, picado
3 jitomates Saladet, picados
12 tomates deshidratados, rebanados
50 alcachofas marinadas, coladas y rebanadas
50g de aceitunas negras, sin hueso, rebanadas
200g de camarones cocidos, pelados y limpios
120g de queso fetta, en cubos de 2cm
¼ taza de albahaca, picada
Ralladura de 1 limón verde

Preparación

1 En un tazón grande colocar el cuscús, verter 2 tazas de agua hirviendo y revolver con un tenedor hasta que el cuscús absorba todo el líquido. Agregar el aceite, el vinagre, la pimienta negra al gusto y revolver para combinar. Apartar.

2 En un platón para ensaladas colocar el pepino, el pimiento, los jitomates frescos y los tomates deshidratados, las alcachofas, las aceitunas, los camarones, el queso, la albahaca y la ralladura de limón, revolver para mezclar. Añadir la mezcla del cuscús e incorporar bien. **Porciones 4**

ENSALADA DE PAELLA DE MARISCOS

Ingredientes

4 tazas de caldo de pollo
500g de camarones grandes, crudos
1 cola de langosta, cruda (opcional)
500g de mejillones en su concha, limpios
2 cucharadas de aceite de oliva
1 cebolla, picada
2 filetes de jamón, en cubos de 1cm
2 tazas de arroz
½ cucharadita de azafrán de la India
125g de chícharos frescos o congelados
1 pimiento rojo, picado

Aderezo de ajo

½ taza de aceite de oliva
¼ taza de vinagre de vino blanco
3 cucharadas de mayonesa
2 dientes de ajo, machacados
¼ taza de perejil, picado
Pimienta negra recién molida

Preparación

1 En una cacerola grande colocar el caldo y dejar que suelte el hervor. Agregar los camarones y cocer de 1 a 2 minutos o hasta que cambien de color. Retirar los camarones del caldo y apartar. Agregar la langosta al caldo y cocer durante 5 minutos o hasta que cambie de color y esté cocida. Retirar del caldo y apartar. Agregar los mejillones y cocer hasta que las conchas se abran —desechar las conchas que no se abran después de 5 minutos—. Retirar los mejillones y apartar. Colar el caldo y reservar. Pelar y desvenar los camarones, dejar las colas intactas. Refrigerar los mariscos hasta momentos antes de servir.

2 En una cacerola grande calentar el aceite, agregar la cebolla y saltear de 4 a 5 minutos o hasta que esté suave. Agregar el jamón, el arroz y el azafrán, cocinar moviendo durante 2 minutos más. Agregar el caldo reservado y dejar que suelte el hervor. Bajar el fuego, tapar y hervir a fuego lento durante 15 minutos o hasta que el líquido se absorba y el arroz esté cocido y seco. Añadir los chícharos y el pimiento rojo, apartar para enfriar. Tapar y refrigerar durante 2 horas mínimo.

3 Para el aderezo, mezclar en una licuadora o procesador de alimentos el aceite, el vinagre, la mayonesa, el ajo, el perejil y la pimienta negra al gusto.

4 Para servir, colocar los mariscos y el arroz en un tazón grande para ensaladas, verter el aderezo y mover para incorporar. **Porciones 4**

ENSALADA DE CAMARONES CON JITOMATE Y ELOTE

Ingredientes

2 tazas de granos de elote cocidos
1 cebolla, finamente rebanada
200g de camarones cocidos, sin piel, sin vena, en trozos de 1cm
2 jitomates Saladet, picados
3 cebollas de cambray, picadas
1 pimiento rojo, sin semillas, picado fino
2 cucharadas de vinagre de vino tinto
2 cucharadas de aceite de oliva
1 diente de ajo, machacado
1 cucharada de jugo de limón amarillo fresco
¼ taza de perejil, picado

Preparación

1 En un tazón grande combinar los granos de elote, la cebolla, los camarones, los jitomates, las cebollas de cambray y el pimiento rojo.

2 Mezclar el vinagre, el aceite y el jugo de limón, verter sobre la ensalada y revolver. Servir con perejil fresco. **Porciones 4**

ENSALADA DE CAMARONES Y PIÑA

Ingredientes

10 castañas de agua, coladas y picadas

1 trozo de 4cm de jengibre, rallado

225g de rebanadas de piña en lata, coladas y en trozos

500g de camarones cocidos, pelados

8 hojas de lechuga iceberg

3 cebollas de cambray, rebanadas

1 cucharada de semillas de ajonjolí, ligeramente tostadas

Aderezo

1 cucharada de jugo de limón amarillo

2 cucharadas de vinagre de vino blanco

1 cucharada de mostaza de Dijon

¼ taza de aceite de oliva

2 cucharadas de aceite de ajonjolí

Preparación

1 En un tazón para ensaladas colocar las castañas, el jengibre, la piña y los camarones.

2 Para hacer el aderezo, revolver el jugo de limón, el vinagre y la mostaza, agregar gradualmente los aceites, sin dejar de mover hasta que el aderezo espese.

3 Verter el aderezo sobre la mezcla de los camarones y revolver.

4 Acomodar 2 hojas de lechuga sobre cada plato y repartir la mezcla de los camarones sobre ellas. Decorar con las cebollas de cambray y las semillas de ajonjolí. **Porciones 4**

AGUACATE DE MARISCOS

Ingredientes

6 pulpos baby
500g de camarones cocidos, con cola
3 aguacates maduros
6 ramitas de eneldo

Aderezo

⅓ taza de aceite de oliva
2 cucharadas de jugo de limón amarillo
1 huevo cocido, finamente picado
6 ramitas de eneldo, finamente picadas
2 dientes de ajo, machacados

Preparación

1 Cortar las cabezas de los pulpos justo por debajo del nivel de los ojos. Sumergir los pulpos en agua hirviendo a fuego lento, cocer hasta que tomen un color opaco, colar y enjuagar bajo el chorro de agua fría. Cortar los pulpos en trozos medianos.

2 Mezclar todos los ingredientes del aderezo y combinar bien. Verter el aderezo sobre el pulpo y dejar marinar en el refrigerador durante toda la noche.

3 Agregar los camarones a los pulpos. Cortar los aguacates en mitades, quitar el hueso. Repartir la mezcla de los mariscos sobre las mitades de aguacate. Decorar con las ramitas de eneldo y servir. **Porciones 6**

ENSALADA DE CAMARONES Y PAPAYA

Ingredientes

2 cucharaditas de aceite vegetal
2 cucharaditas de pasta de chile
2 tallos de limoncillo, machacados
1 trozo de jengibre de 8cm, rallado
500g de camarones medianos crudos, sin caparazón, sin vena
½ col china, picada
4 chalotes (parecido al ajo, pero con dientes más grandes), picados
1 papaya, pelada y rebanada
50g de berros
50g de cacahuates tostados, picados
1 taza de hojas de cilantro

Aderezo de limón verde y coco

1 cucharadita de azúcar morena
3 cucharadas de jugo de limón verde
2 cucharadas de salsa de pescado
1 cucharada de vinagre de coco

Preparación

1 En una sartén calentar el aceite a fuego alto, añadir la salsa de chile, el limoncillo, el jengibre y freír revolviendo durante 1 minuto. Agregar los camarones y freír revolviendo durante 2 minutos más o hasta que los camarones cambien de color y estén bien cocidos. Retirar el limoncillo y dejar enfriar los camarones.

2 En un platón para servir acomodar la col, los chalotes, la papaya, los berros, los cacahuates, el cilantro y la mezcla de los camarones.

3 Para hacer el aderezo, en un tazón colocar el azúcar, el jugo de limón verde, la salsa de pescado y el vinagre, mezclar bien. Verter el aderezo sobre la ensalada y servir. **Porciones 4**

MEJILLONES ESCANDINAVOS

Ingredientes

Mejillones

1 kg de mejillones, limpios
1 cebolla pequeña
1 tallo de apio, rebanado
1 diente de ajo, picado
¼ taza de vino blanco

Verduras

½ cebolla, finamente picada
½ tallo de apio, finamente picado
½ pimiento rojo, finamente picado
1 cucharada de azúcar
1 cucharada de vinagre de vino blanco
4 cucharadas de mayonesa
½ taza de perejil, picado
Jugo de 1 limón amarillo
Sal y pimienta negra recién molida

Preparación

1. En una cacerola colocar los mejillones, la cebolla, el apio, el ajo y el vino. Cocer hasta que los mejillones se hayan abierto, mover con frecuencia para asegurar que los mejillones se cuezan de manera uniforme. Retirar las verduras y sacar los mejillones de sus conchas.
2. Para hacer las verduras, en una sartén pequeña mezclar ½ taza de agua con la cebolla, el apio, el pimiento, el azúcar y el vinagre, hervir durante 1 minuto. Retirar las verduras del caldo y apartar para enfriar. Desechar el líquido.
3. En un tazón mezclar los mejillones, las verduras, el perejil y el jugo de limón, añadir sal y pimienta al gusto. Servir fríos con ensalada verde o ensalada fría de papas, decorar con unas cuantas conchas de mejillón.
Porciones 2

ENSALADA DE CAMARONES CON AJO

Ingredientes

1 cucharada de aceite de oliva extra virgen

4 dientes de ajo, machacados

½ cucharadita de hojuelas de chile

24 camarones grandes, pelados y sin vena

1 tomate bola mediano, rebanado

1 lechuga romana, desechar las hojas exteriores

1 pepino, rebanado con pelador de papas

Sal y pimienta negra recién molida

Jugo de 1 limón verde

Jugo de 1 limón amarillo

Preparación

1 En una sartén grande de base gruesa calentar el aceite, añadir el ajo, las hojuelas de chile y los camarones. Saltear sin dejar de mover durante 3 minutos o hasta que los camarones cambien de color.

2 Repartir las rebanadas de tomate en 4 platos para servir, colocar encima las hojas de lechuga y las tiras de pepino. Agregar los camarones y verter el líquido de la sartén. Sazonar con sal y pimienta, rociar con el jugo de los limones y servir. **Porciones 4**

ENSALADA FRÍA DE MEJILLONES MARINADOS

Ingredientes

1 zanahoria pequeña, picada

50g de coliflor, en racimos

½ pimiento rojo, picado

½ cebolla, picada

1 pizca de hilos de azafrán

10 semillas de cilantro, machacadas

2 cucharadas de vinagre de jerez

300g de mejillones marinados

100g de hojas verdes para ensalada

4 tomates cherry

3 cucharadas de aceite de oliva extra virgen

Sal y pimienta negra recién molida

Preparación

1 En una sartén a fuego alto cocinar la zanahoria, la coliflor, el pimiento, la cebolla, el azafrán y las semillas de cilantro junto con 1½ tazas de agua. Dejar que suelte el hervor y añadir el vinagre de jerez.

2 Retirar del fuego y dejar enfriar. Una vez frío, colar las verduras del líquido de cocción y desecharlo.

3 En un platón grande para ensaladas mezclar los mejillones, las hojas verdes, los tomates, el aceite de oliva y las verduras, sazonar al gusto. Servir con pan con corteza. **Porciones 4**

ENSALADA DE CAMARONES CON AJO

ENSALADA DE ENDIBIAS CON ALMEJAS PIPI Y MEJILLONES

Ingredientes

400g de almejas pipi

400g de mejillones

1 cebolla, rebanada

1 tallo de apio, rebanado

1 diente de ajo, machacado

1 taza de vino blanco

2 endibias, con las hojas sueltas

50g de hojas verdes para ensalada

4 rebanadas de prosciutto, asado y cortado en trozos pequeños

¼ taza de aceite de oliva extra virgen

1 cucharada de jugo de limón amarillo

Sal y pimienta negra recién molida

Verduras marinadas

1 zanahoria, pelada y rebanada

1 cebolla pequeña, en cuartos

½ tallo de apio, cortado en tiras delgadas

15 semillas de cilantro, machacadas

Sal y pimienta negra recién molida

1½ tazas de vinagre de jerez

Preparación

1 En una sartén grande colocar las almejas y los mejillones junto con la cebolla, el apio, el ajo y el vino. Cocer hasta que los mejillones y las almejas estén abiertos, mover con frecuencia para asegurar que se cuezan de manera uniforme. Dejar enfriar y sacar de las conchas.

2 Para preparar las verduras marinadas, en una sartén colocar los ingredientes y hervir durante 2 minutos. Dejar enfriar, colar el líquido de cocción.

3 Mezclar el resto de los ingredientes junto con las verduras marinadas. Agregar los mejillones y las almejas a la mezcla de las verduras, refrigerar durante 15 minutos hasta que se enfríe. Servir con pan crujiente. **Porciones 4**

TACOS DE LECHUGA CON CALLOS DE HACHA Y MANGO

Ingredientes

600g de callos de hacha

1 cucharada de maicena

2 cucharaditas de azúcar morena

2 cucharaditas de aceite de oliva o de cacahuate

2 chalotes (parecido al ajo, pero con dientes más grandes), en rebanadas finas

1 trozo de jengibre de 4cm, rallado

6 espárragos frescos, picados

½ taza de mirin o vino blanco (ver página 59)

2 cucharadas de jugo de limón amarillo o limón verde

2 cucharaditas de salsa de pescado

2 cucharaditas de salsa de soya

1 chile rojo pequeño, en rebanadas finas

1 mango, en cubos

¼ taza de albahaca o cilantro, picado

2 tazas de arroz jazmín cocido, caliente

1 lechuga romana o radiccio, hojas separadas

Preparación

1 En una bolsa de plástico para alimentos colocar los callos de hacha, la maicena y el azúcar. Revolver para cubrir.

2 En una sartén de teflón a fuego alto calentar 1 cucharadita de aceite. Agregar los callos y freír revolviendo de 2 a 3 minutos o hasta que estén cocidos. Retirar los callos de la sartén y reservar.

3 Agregar el resto del aceite a la sartén y calentar. Añadir los chalotes y el jengibre. Freír revolviendo durante 1 minuto o hasta que estén suaves. Agregar los espárragos, el mirin, el jugo de limón, la salsa de pescado, la salsa de soya y el chile. Freír revolviendo durante 4 minutos o hasta que los espárragos estén tiernos. Agregar el mango y la albahaca o cilantro. Mover para combinar.

4 Para servir, con una cuchara poner el arroz en copas de lechuga y agregar un poco de la mezcla de los callos. Comer los tacos de lechuga con la mano. **Porciones 4**

ENSALADA DE FETUCCINI CON ATÚN Y LIMÓN AMARILLO

Ingredientes

500g de fetuccini

425g de atún en agua, de lata, colado y desmenuzado

200g de rúcula, picada

150g de queso fetta, picado

4 ramitas de eneldo, picadas

¼ taza de jugo de limón amarillo

Pimienta negra recién molida

Preparación

1 En una cacerola grande con agua hirviendo con sal agregar el fetuccini y cocer durante 8 minutos o hasta que esté suave, pero firme en el centro (al dente). Colar y regresar la pasta a la cacerola.

2 Poner la cacerola a fuego bajo y añadir el atún, la rúcula, el queso, el eneldo, el jugo de limón y la pimienta negra al gusto. Revolver para mezclar y servir de inmediato. **Porciones 4**

ENSALADA NIÇOISE

Ingredientes

425g de atún de lata, colado y desmenuzado

125g de corazones de alcachofa marinados, colados y rebanados

125g de queso cheddar, en cubos

4 huevos hervidos, rebanados

2 jitomates Saladet, rebanados

1 cebolla, rebanada

225g de ejotes, cocidos

50g de aceitunas rellenas, rebanadas

150g de hojas de lechuga

Aderezo Niçoise

¼ taza de aceite de oliva

2 cucharadas de vinagre

1 diente de ajo, machacado

½ cucharadita de mostaza de Dijon

Pimienta negra recién molida

Preparación

1 En un tazón grande colocar el atún, las alcachofas, el queso, los huevos, las papas, los jitomates, la cebolla, los ejotes y las aceitunas, revolver para que se mezclen bien.

2 Para hacer el aderezo, en una jarra con tapa de rosca colocar el aceite, el vinagre, el ajo, la mostaza y la pimienta negra al gusto, agitar bien para que se incorpore. Servir el aderezo sobre la mezcla del atún y revolver ligeramente.

3 Forrar un platón para servir con hojas de lechuga y colocar encima la mezcla del atún. Servir con pan fresco o tostado. **Porciones 4**

ENSALADA DE CALAMARES Y CALLOS DE HACHA

Ingredientes

1 pimiento rojo, sin semillas, cortado a la mitad

1 pimiento amarillo o verde, sin semillas, cortado a la mitad

2 tubos de calamar

250g de callos de hacha, sin el coral

250g de espárragos, en trozos de 5cm, blanqueados

1 cebolla roja, rebanada

½ taza de hojas de cilantro

1 racimo de rúcula o berros

Aderezo balsámico de hierbas

1 pieza de jengibre de 4cm

4 ramitas de romero, sin hojas y picadas

1 diente de ajo, machacado

¼ taza de aceite de oliva

2 cucharadas de jugo de limón verde

1 cucharada de vinagre balsámico o de vino tinto

Preparación

1 Para hacer el aderezo, en una jarra con tapa de rosca colocar el jengibre, el romero, el ajo, el aceite, el jugo de limón verde y el vinagre, agitar para mezclar bien. Reservar.

2 Precalentar la parrilla a intensidad alta y engrasar ligeramente. Colocar las mitades de los pimientos con la piel hacia abajo en la parrilla y asar de 5 a 10 minutos o hasta que la piel se levante y se queme. Colocar los pimientos dentro de una bolsa de plástico de cocina y reservar hasta que se enfríen. Quitar la piel de los pimientos y cortarlos en tiras delgadas.

3 Cortar los tubos de calamar a lo largo para abrirlos. Con un cuchillo filoso marcar líneas a lo largo del calamar, sin cortarlos por completo. Marcar otras líneas en dirección opuesta para obtener un patrón en forma de diamante. Cortar en cuadros de 5cm.

4 En un platón para parrilla colocar los calamares y los callos, asar durante 3 minutos o hasta que estén suaves, voltearlos varias veces. Apartar y dejar enfriar ligeramente.

5 Combinar los pimientos rojos con los amarillos o verdes, los espárragos, la cebolla y el cilantro. Forrar un platón grande para servir con la rúcula o los berros, colocar las verduras encima, junto con los calamares y los callos. Bañar con el aderezo y servir de inmediato. **Porciones 4**

ENSALADA DE CALLOS DE HACHA DORADOS

Ingredientes

2 cucharaditas de aceite de ajonjolí
2 dientes de ajo, machacados
400g de callos de hacha, limpios
4 tiras de tocino, picadas
1 lechuga romana, hojas separadas
50g de crutones
40g de queso parmesano, rasurado

Aderezo de mostaza

3 cucharadas de mayonesa
1 cucharada de aceite de oliva
1 cucharada de vinagre
2 cucharaditas de mostaza de Dijon

Preparación

1 Para el aderezo, en un tazón grande colocar la mayonesa, el aceite de oliva, el vinagre y la mostaza, mezclar y apartar.

2 En una sartén a fuego alto calentar el aceite de ajonjolí, agregar el ajo y los callos y freír durante 1 minuto o hasta que los callos se pongan opacos, revolver constantemente. Retirar la mezcla de los callos de la sartén y reservar. Añadir el tocino a la sartén, freír sin dejar de mover durante 4 minutos o hasta que esté crujiente. Retirar el tocino de la sartén y quitar el exceso de grasa con papel absorbente.

3 En un recipiente grande colocar las hojas de lechuga y mezclar con el aderezo. Añadir el tocino, los crutones y el queso parmesano, revolver bien. Añadir la mezcla de los callos sobre la ensalada y servir. **Porciones 4**

ENSALADA DE MARISCOS

Ingredientes

370g de calamares, en aros
1 cucharada de aceite de oliva
370g de camarones medianos crudos, pelados y sin vena
1 diente de ajo, machacado
1 racimo de espinacas
1 cebolla morada, rebanada
1 pimiento rojo, cortado en tiras
225g de chícharos chinos, en vainas
¼ taza de hojas de menta
30g de cacahuates, finamente picados

Aderezo de chile

2 cucharadas de salsa de chile dulce
1 cucharada de salsa de soya
1 cucharada de jugo de limón verde
1 cucharada de aceite vegetal

Preparación

1 Colocar los calamares sobre papel absorbente de cocina y secar.

2 En una sartén a fuego medio calentar el aceite, agregar los camarones y el ajo, freír revolviendo durante 2 minutos. Añadir los calamares y freír revolviendo durante 2 minutos más. Retirar del fuego y dejar enfriar.

3 En un platón para servir acomodar las espinacas, las cebollas, el pimiento rojo, los chícharos chinos, la menta y los cacahuates. Colocar encima la mezcla de los mariscos.

4 Para hacer el aderezo, revolver la salsa de chile, la salsa de soya, el jugo de limón y el aceite. Verter sobre la ensalada y enfriar antes de servir. Acompañar con pan crujiente. **Porciones 4**

ENSALADA DE CALAMARES CON MIEL

Ingredientes

6 calamares pequeños, limpios, cortados en aros
½ taza de harina común
Aceite de oliva para freír
50g de hojas de lechuga
225g de tomates cherry, en mitades
½ cebolla, finamente rebanada

Aderezo de naranja con miel

¼ taza de aceite de oliva
1 cucharada de jugo de naranja
1 cucharada de vinagre
1 cucharadita de miel
1 diente de ajo, machacado
½ cucharadita de mostaza suave
Pimienta negra recién molida

Preparación

1 Para hacer el aderezo, en una jarra con tapa de rosca colocar el aceite, el jugo de naranja, el vinagre, la miel, la mostaza y la pimienta, agitar bien para mezclar.

2 En papel absorbente secar los aros de calamar. Revolcar los aros en la harina y retirar el exceso. En una sartén a fuego medio calentar el aceite, añadir los calamares y freír, revolviendo de 1 a 2 minutos o hasta que estén dorados. Quitar el exceso de aceite en papel absorbente.

3 En un tazón colocar las hojas de lechuga, los tomates y la cebolla, revolver. Repartir la mezcla de lechuga en platos para servir, colocar los calamares calientes en los platos y verter el aderezo. Servir de inmediato.
Porciones 4

ENSALADA THAI DE CALAMARES

Ingredientes

3 tubos de calamares, limpios

200g de ejotes, rebanados a lo largo

2 jitomates Saladet, en gajos

1 papaya verde pequeña, pelada, sin semillas, cortada en tiras

4 cebollas de cambray, rebanadas

1 taza de hojas de menta

1 taza de hojas de cilantro

1 chile rojo fresco, picado

Aderezo de limón verde

2 cucharaditas de azúcar morena

3 cucharadas de jugo de limón verde

1 cucharada de salsa de pescado

Preparación

1 Con un cuchillo filoso hacer un corte a lo largo de cada tubo de calamar para abrirlo. Con la punta del cuchillo marcar líneas a lo largo del calamar, sin cortarlo. Marcar otras líneas en dirección opuesta para obtener un patrón en forma de diamante.

2 Calentar una sartén de teflón a fuego alto, añadir los calamares y saltear de 1 a 2 minutos por lado o hasta que estén tiernos. Retirar de la sartén y cortar en tiras finas.

3 En un platón para servir colocar los calamares, los ejotes, los tomates, la papaya, las cebollas de cambray, la menta, el cilantro y el chile.

4 Para hacer el aderezo, en una jarra con tapa de rosca colocar el azúcar, el jugo de limón verde y la salsa de pescado, agitar bien. Verter sobre la ensalada y revolver para combinar. Tapar y dejar reposar durante 2 minutos antes de servir. **Porciones 4**

ENSALADA DE LANGOSTA CON FRUTOS ROJOS

Ingredientes

2 colas de langosta, cocidas y sin caparazón

1 radicchio pequeño (vegetal de hojas color violeta que se consume crudo o cocido), hojas separadas

1 lechuga morada pequeña, hojas separadas

100g de brotes de chícharos chinos o berros

1 naranja, en gajos

225g de fresas, en mitades

Aderezo

125g de frambuesas frescas o congeladas

2 cucharadas de vinagre de frambuesa

2 cucharadas de aceite vegetal

1 ramita de menta fresca, finamente picada

1 cucharada de azúcar

Preparación

1 Cortar las colas de langosta en medallones de 1cm y reservar.

2 En un platón para servir acomodar el radicchio, la lechuga morada, los chícharos chinos o berros, la langosta, la naranja y las fresas, refrigerar hasta usarse.

3 Para hacer el aderezo, en un procesador o licuadora colocar las frambuesas y procesar hasta formar un puré. Pasar por un colador para quitar las semillas. Mezclar el puré de frambuesas con el vinagre, el aceite, la menta y el azúcar. Mezclar bien para incorporar, verter sobre la ensalada y servir de inmediato. **Porciones 4**

ENSALADA THAI DE CALAMARES

ENSALADA DE MARISCOS Y PAPAS

Ingredientes

750g de papas, sin pelar

Sal

4 betabeles pequeños cocidos, en cubos

1 bulbo de hinojo, finamente rebanado, el follaje picado

1kg de mejillones

500g de berberechos

1¼ tazas de vino blanco seco o sidra seca

1 chalote (parecido al ajo, pero con dientes más grandes), finamente picado

4 cebollas de cambray, finamente rebanadas

¼ taza de perejil, picado

Aderezo

5 cucharadas de aceite de oliva

1½ cucharadas de vinagre de sidra

½ cucharadita de mostaza inglesa

Sal y pimienta negra recién molida

Preparación

1 Para hacer el aderezo, combinar el aceite, el vinagre y la mostaza, sazonar al gusto. En agua hirviendo con sal hervir las papas durante 15 minutos o hasta que estén tiernas, colar. Dejar enfriar durante 30 minutos, pelar y rebanar. Colocarlas en un tazón y revolver con la mitad del aderezo. Revolver el betabel y el bulbo de hinojo con el resto del aderezo.

2 Tallar los mejillones y los berberechos bajo el chorro de agua fría, retirar las barbas de los mejillones. Desechar las conchas que estén abiertas o dañadas. En una cacerola grande colocar el vino o la sidra y los chalotes, dejar que suelte el hervor y cocinar a fuego lento durante 2 minutos. Añadir los mariscos. Tapar y cocer de 3 a 5 minutos, agitando la sartén frecuentemente. Desechar las conchas que permanezcan cerradas. Reservar el líquido de la sartén, sacar los mejillones de sus conchas y reservar algunos enteros.

3 Hervir el líquido de la sartén durante 5 minutos o hasta que se reduzca a 1 o 2 cucharadas. Verter sobre las papas. Añadir los mariscos, las cebollas de cambray y el perejil, revolver. Servir con la ensalada de betabel e hinojo, decorar con el follaje del betabel y con los mejillones en sus conchas. **Porciones 4**

ENSALADA DE MARISCOS CON ESTRAGÓN

Ingredientes

1 racimo pequeño de estragón, picado

2 cucharadas de jugo de limón verde

Ralladura de 1 limón verde

1 chile fresco, picado

2 cucharaditas de aceite de oliva

Pimienta negra recién molida

500g de colas de langosta crudas o 500g de filetes firmes de pescado blanco

1 pepino

2 zanahorias

225g de brotes de chícharos chinos o berros

1 pimiento rojo, en tiras finas

Preparación

1 En un tazón mezclar el estragón, el jugo y la ralladura del limón verde, el chile, el aceite y sazonar con pimienta negra. Retirar la carne de las colas de langosta y cortar en trozos grandes, o cortar el pescado en trozos grandes, añadir los trozos a la mezcla, revolver y dejar marinar durante 15 minutos.

2 Usar un pelador para cortar tiras a lo largo de las zanahorias y del pepino. En un platón grande para servir acomodar los chícharos chinos o los berros, el pepino, la zanahoria y el pimiento rojo, reservar.

3 Calentar una sartén grande a fuego alto, añadir la mezcla de la langosta o pescado y cocer durante 2 minutos, voltear frecuentemente, o hasta que la carne esté tierna. Acomodar sobre la ensalada, verter el líquido de la sartén y servir de inmediato. **Porciones 4**

ENSALADA DE MARISCOS Y TRUCHA AHUMADA

Ingredientes

1 langosta o cangrejo de río, cocido

400g de trucha ahumada

1 pepino

1 zanahoria, pelada

2 calabacitas italianas

100g de espinacas baby

Aderezo

Jugo de 2 limones verdes

1 cucharada de azúcar de palma

½ taza de aceite de oliva

Sal y pimienta negra recién molida

Preparación

1 Quitar la carne de la cola de langosta, rebanar finamente y reservar. También se puede comprar la carne ya lista. Cortar la trucha ahumada en tiras finas y reservar.

2 Cortar el pepino en mitades a lo largo, con una cuchara sacar las semillas y desecharlas. Con un pelador cortar tiras largas y delgadas que se asemejen al fetuccini. Cortar la zanahoria de manera similar. Cortar de la misma forma las calabacitas enteras.

3 Mezclar ligeramente la langosta, la trucha, las verduras cortadas y las hojas de espinacas baby.

4 Para hacer el aderezo, calentar el jugo de limón verde y el azúcar de palma hasta que ésta se disuelva. En un tazón verter la mezcla del azúcar y limón, incorporar el aceite de oliva hasta que la mezcla espese y el aceite haya emulsionado con el jugo de limón verde. Sazonar con sal y pimienta y mezclar con los ingredientes de la ensalada. Acomodar la ensalada en un platón para servir. **Porciones 4**

ENSALADA DE CANGREJO CON ADEREZO DE TOMATE

Ingredientes

250g de carne de cangrejo

1 bulbo de hinojo, finamente rebanado, con el follaje picado

90g de hojas mixtas para ensalada

¼ racimo pequeño de cebollín fresco, picado

¼ cucharadita de paprika

Aderezo

2 jitomates Saladet grandes

5 cucharadas de aceite de oliva

1 cucharada de vinagre de vino blanco

4 cucharadas de crema espesa

2 ramitas de estragón, picadas

Sal y pimienta negra recién molida

Pizca de azúcar extrafina

Chorrito de salsa inglesa

1 trozo de pepino de 5cm, rebanado

Preparación

1 Para hacer el aderezo, en un tazón colocar los jitomates y cubrir con agua hirviendo. Dejar reposar durante 30 segundos, pelar, quitar las semillas y cortar en cubitos. En un recipiente incorporar el aceite y el vinagre, mezclar la crema, el estragón y sazonar. Añadir el azúcar y la salsa inglesa al gusto, añadir los jitomates y el pepino.

2 Mezclar la carne de cangrejo y el hinojo, verter 4 cucharadas del aderezo. Repartir las hojas para ensalada en platos para servir junto con la mezcla del cangrejo. Verter el resto del aderezo, espolvorear los cebollines, el hinojo picado y la paprika. **Porciones 4**

ENSALADA DE TRUCHAS Y GARBANZOS

Ingredientes

1 endibia, hojas separadas

1 racimo de rúcula

400g de garbanzos de lata, colados y enjuagados

125g de queso de cabra con hierbas, troceado

1 cebolla, rebanada

250g de trucha ahumada, sin piel y sin espinas, desmenuzada

¼ taza de albahaca fresca, picada

1 pimiento rojo, en mitades, asado, sin piel, rebanado

Aderezo de limón verde con miel

½ taza de yogur natural

¼ taza de menta, picada

1 cucharadita de comino, molido

1 cucharada de miel

1 cucharada de jugo de limón verde

Preparación

1 En un platón para servir acomodar las endibias y la rúcula. Agregar los garbanzos, el queso de cabra, la cebolla y la trucha. Espolvorear con albahaca y colocar encima el pimiento rojo.

2 Para hacer el aderezo, poner en un tazón el yogur, la menta, el comino, la miel y el jugo de limón verde y mezclar. Verter sobre la ensalada y servir de inmediato. **Porciones 4**

ENSALADA DE ESPÁRRAGOS Y SALMÓN

Ingredientes

750g de espárragos, en trozos
50g de hojas de lechuga
500g de rebanadas de salmón ahumado

Salsa de yogur y limón amarillo

1 taza de yogur natural
Ralladura de 1 limón amarillo
1 cucharada de jugo de limón amarillo
8 ramitas de eneldo, picado
1 cucharadita de comino, molido

Preparación

1. Cocer los espárragos al vapor hasta que estén suaves. Enfriar bajo el chorro de agua fría, colar y enfriar en el refrigerador. En platos para servir acomodar la lechuga, los espárragos y el salmón.
2. Para hacer la salsa, en un tazón pequeño mezclar el yogur, la ralladura de limón, el jugo de limón, el eneldo y el comino. Verter sobre la ensalada, tapar y enfriar hasta servir. **Porciones 4**

ENSALADA CALIENTE DE PULPO Y PAPAS

Ingredientes

500g de pulpo baby, limpio
500g de papas rojas
100g de hojas verdes para ensalada
2 pepinos, picados
2 cebollas de cambray, finamente rebanadas

Marinada de limón verde y chile

3 cucharadas de aceite de oliva
Jugo de 1 limón verde
1 chile rojo fresco, picado
1 diente de ajo, machacado

Tomate concasse

4 jitomates Saladet, picados
½ cebolla morada, picada
⅓ taza de vinagre balsámico o de jerez
1 cucharada de aceite de oliva
1 cucharada de jugo de limón
Pimienta negra recién molida

Preparación

1 Para hacer la marinada, en un tazón colocar el aceite, el jugo de limón amarillo, el chile y el ajo, mezclar bien. Cortar el pulpo a la mitad, pero si es muy pequeño dejarlo entero. Agregar a la marinada en el refrigerador durante toda la noche o mínimo 2 horas. Cocer las papas hasta que estén tiernas. Colar y dejar enfriar ligeramente, cortar en trozos medianos.

2 Para el concasse, en un tazón colocar los jitomates, el cilantro, la cebolla, el vinagre, el aceite, el jugo de limón y la pimienta negra, mezclar bien.

3 Con las hojas de rúcula forrar un platón para servir. Colocar encima las papas, el pepino y las cebollas. Precalentar la parrilla o una sartén, a una temperatura alta. Colar el pulpo y asarlo, voltear con frecuencia, de 3 a 5 minutos o hasta que los tentáculos formen espirales —no cocer en exceso para que no se endurezca.

4 Para servir, colocar el pulpo sobre la ensalada preparada. Colocar el concasse encima y acompañar con pan crujiente. **Porciones 6**

cocina selecta

sushi y sashimi

El arte del sushi

Es un misterio. ¿Cómo algo tan simple puede parecer tan increíblemente complicado? Si no tienes experiencia en cuestiones de *sushi*, no es de extrañar que te sientas un poco intimidado entre los términos, las costumbres... ¡y esas fascinantes maneras de comer pescado! Cubos de arroz coronados por toda una gama de delicias del mar... rollos que te comes de un bocado... "buques" de algas marinas... rebanadas de pescado crudo dispuestas artísticamente. Y claro que tus amigos no ayudan gran cosa. La mitad jura que no les gusta, en especial los que no lo han probado, y los que lo adoran son fanáticos del *anago* (anguila) o amantes del *uni* (erizo de mar).

Sushi, antes y ahora

Japón se encuentra en una isla, los mares que la rodean son bañados por la Kuroshio, la corriente japonesa rica en plancton, y en ellos abunda una impresionante variedad de pescados y mariscos. Las islas son terreno montañoso, y lo poco de tierra cultivable que existe está escalonado y cuidado con esmero para halagar al arroz y algunas otras cosechas. Japón siempre ha alimentado a su densa población con productos del mar y de sus campos de arroz, su cocina enfatiza los productos que les regala la naturaleza. El *sushi*, esa combinación de pescado crudo y arroz condimentado que resulta tan exótica para los extranjeros, es un alimento sumamente lógico en Japón.

El sushi comenzó hace varios siglos en Japón como una manera de conservar el pescado. Se dice que el origen del *sushi* proviene de los países del sureste de Asia. Colocaban el pescado limpio y crudo entre capas de arroz y sal y lo prensaban con una piedra. Unas semanas después quitaban la piedra y la reemplazaban con una cubierta ligera, y unos cuantos meses después, se consideraba que el pescado y el arroz fermentados estaban listos para consumirse. Algunos restaurantes de Tokio siguen utilizando este original estilo de *sushi* hecho con carpa de agua dulce llamado *nare-zushi*. Tiene un sabor tan fuerte que opaca por completo la identidad del pescado, lo cual hace que el *nare-zushi* sea algo de gusto adquirido.

No fue sino hasta el siglo XVIII que un astuto hombre llamado Yohei decidió dejar a un lado la fermentación y sirvió el *sushi* en algo que se asemeja a su forma actual. Se volvió muy popular y de ahí surgieron dos estilos diferentes: el estilo Kansai, de la ciudad de Osaka, en la región de Kansai; y estilo Edo, de Tokio, que entonces era llamada Edo. Osaka siempre ha sido la capital comercial de Japón y los comerciantes locales de arroz desarrollaron un *sushi* que consistía principalmente en arroz sazonado mezclado con otros ingredientes en forma de paquetitos decorativos y comestibles. Tokio, ubicada en una bahía rica en pescados y mariscos, produjo el *nigiri-sushi*, que presentaba un selecto trozo de marisco sobre una pequeña cama de arroz sazonado. Aunque el *sushi* ornamental de la región de Kansai sigue siendo muy popular, es el *nigirisuzhi* con el que los extranjeros están más familiarizados.

El arte del *sashimi*

Unos minutos después de estar viendo la carta de un restaurante de *sushi* te darás cuenta de que la mejor manera de cocinar el pescado quizá sea no cocinarlo. El alma del *sashimi* es la frescura del pescado que se sirve crudo, frío, hábilmente cortado y artísticamente acomodado. Debido a que el *sashimi* es pescado crudo solo, sin arroz, sólo se usan los cortes más finos.

El mayor obstáculo —cuando te encuentras "cara a aleta" en tu primera experiencia con el *sushi*— es saber en qué estás metiéndote. No hay de qué preocuparse. Lo único que necesitas es un poco más de conocimiento y un poco menos de pose. Sólo un par de consejos sobre cómo puedes navegar por estas aguas nuevas para ti. Al leer este libro, no sólo aprenderás cómo hacer *sushi* y *sashimi*, sino que conocerás la experiencia completa del *sushi*.

Equipo

El siguiente es un conjunto básico de utensilios necesarios para hacer sushi.

Fuente de madera para enfriar arroz *(hangiri)*

Se usa para enfriar el arroz aderezado con vinagre, le da una textura y brillo perfectos. Está hecho de madera de ciprés sujeta por aros de cobre, aunque puedes reemplazarlo con cualquier utensilio de plástico o madera.

Pala *(shamoji)*

Se usa para mover y esparcir el arroz para sushi mientras se enfría. Tradicionalmente, la pala es símbolo de la posición de la esposa en el hogar. Puedes utilizar una cuchara común, de madera o de plástico.

Abanico *(uchiwa)*

Se usa para eliminar la humedad y obtener la textura y el sabor adecuados del arroz para sushi. Originalmente, el abanico se hacía de tiras de bambú cubiertas con papel o seda. Si no tienes un abanico, puedes usar un trozo de cartón o una revista.

Tazón

Se necesita un tazón grande con tapa para mantener caliente el arroz cocido mientras preparas el sushi.

Tabla para cortar *(manaita)*

Es imprescindible. Tradicionalmente estaba hecha de madera, pero hoy en día, mucha gente prefiere tablas para cortar hechas de plástico o resina porque son más fáciles de limpiar.

Palillos *(saibashi)*

Existen dos tipos de palillos: los palillos largos para cocinar, que por lo general son de metal, y los palillos más cortos para comer.

Pinzas

Se usan para retirar las espinas pequeñas de los pescados. Las pinzas largas son mejores que las pequeñas que generalmente encontramos para el cuidado personal, y puedes encontrarlas en mercados de pescados o en tiendas especializadas.

Cuchillos

La única manera de obtener una superficie bien cortada es usando cuchillos de acero de buena calidad. Usa piedras de afilar para sacar filo a tus cuchillos. Los buenos cuchillos japoneses se derivan del forjado de las espadas japonesas, las cuales son famosas por su filo. Los cuchillos son una de las posesiones más valiosas de un chef y los chefs de sushi tienen consigo un trapo húmedo con el que mantienen limpias las hojas de sus cuchillos mientras trabajan. A continuación te presentamos los tipos básicos de cuchillos.

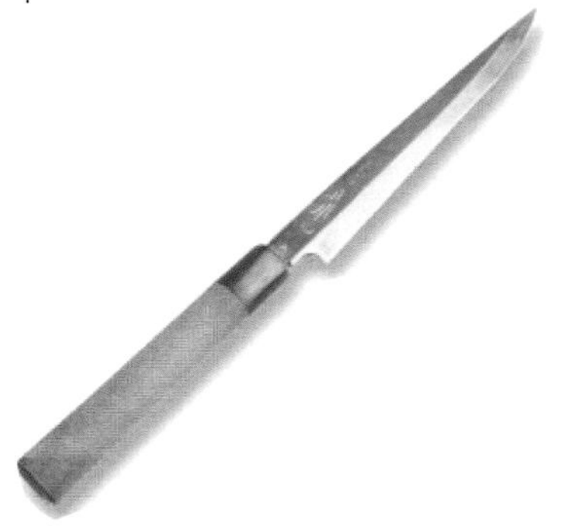

Cuchillos de carnicero *(deba-bocho).* Son cuchillos anchos, pesados, con hoja triangular que pueden cortar huesos.

Cuchillos para verduras *(nakiri-bocho).* Son más grandes que los de carnicero, sus hojas son rectangulares.

Cuchillos para pescado *(sashimi-bocho).* En Osaka son más populares los cuchillos largos y delgados, de tipo puntiagudo, mientras que en Tokio son más populares los chatos. Son excelentes para filetear y rebanar el pescado, también son buenos para rebanar rollos de sushi.

Tapete para sushi *(makisu)*

Están hechos de bambú cosido con hilo de algodón, se usa para hacer rollos de sushi.

Ingredientes

Al preparar *sushi* o *sashimi* es de vital importancia usar sólo los mariscos y pescados más frescos. No hay nada peor que tener todos los ingredientes listos y ver que tu pescado no precisamente viene de la red. Cuando vayas a comprar pescado para *sushi* o *sashimi*, huélelo primero —casi no debe tener olor—. Quizá tengas que dar varias vueltas para encontrar un lugar donde compres regularmente pescado de excelente calidad para el sushi, pero valdrá la pena el esfuerzo.

Vinagre

El agua azucarada o cualquier bebida alcohólica reposada durante tiempo suficiente se agria de manera natural y se vuelve vinagre. La palabra es francesa y se deriva de *vin* (vino) y *aigre* (agrio). En Japón lo hacen de arroz, el grano del que se extrae el *sake*. Gracias a su poder para alterar las proteínas, el vinagre destruye las bacterias. Se añade azúcar al arroz para *sushi* para evitar que la acritud del vinagre sea demasiado fuerte.

Salsa de soya *(shoyu)*

La soya es conocida en todo el mundo y con diferentes nombres: sazonador, salsa para carne, condimento, etcétera. La salsa de soya japonesa, y no tanto la oscura y rica variedad china, es la de los amantes del *sushi*. La salsa de soya es muy recomendada como alimento fermentado de manera natural, superior a la sal, al azúcar o a los sazonadores sintéticos. Es esencial para casi todos los tipos de alimentos japoneses tradicionales, incluyendo *sushi*, *tempura*, *sukiyaki* y los fideos.

Para diferenciar una buena salsa de soya de una mala básate en lo siguiente:

Aroma. Una buena salsa de soya nunca despide un olor desagradable, no importa cuán profundo inhales.

Color. Al poner una pequeña cantidad en un plato blanco, la salsa buena se ve de tono rojizo.

Claridad. La salsa de soya buena es translúcida —la luz del sol a través de ella le da un hermoso destello.

Una vez abierta debes guardar la salsa de soya en un lugar fresco, oscuro y seco o en el refrigerador.

Jengibre encurtido (*gari o shoga*)

El jengibre se usa para limpiar el paladar entre bocados de *sushi*. No hace falta una gran cantidad de jengibre para limpiarlo, de manera que un pequeño montoncito es suficiente para varios rollos. En las tiendas de productos asiáticos puedes encontrar jengibre encurtido, aunque, si quieres prepararlo tú mismo, prueba la siguiente receta.

Ingredientes

250g de jengibre fresco

⅓ taza de vinagre de arroz

2 cucharadas de mirin (sig. página)

2 cucharadas de sake (sig. página)

5 cucharaditas de azúcar

Preparación

1 Bajo el chorro de agua fría raspar el jengibre. Blanquear en agua hirviendo durante un minuto, colar y cortar en trozos medianos.

2 En una sartén pequeña mezclar el vinagre de arroz, el *mirin*, el *sake* y el azúcar. Dejar que suelte el hervor, revolviendo hasta que el azúcar se haya disuelto. Dejar enfriar.

3 En una jarra esterilizada colocar el jengibre y verter el vinagre frío. Tapar y dejar reposar de 3 a 4 días antes de usarlo. Conservar en el refrigerador hasta un mes.

4 El color rosa se desarrolla conforme se añeja, se puede añadir un poco de colorante vegetal color rojo.

5 Cortar en rebanadas finas antes de servir.

Alga *(nori)*

Después de cosechada, el alga es secada, tostada y se vende en paquetes estándar de láminas de 19 x 21cm. Una vez que el paquete de celofán o plástico es abierto, las algas deben ser consumidas de inmediato o almacenadas en un contenedor sellado en un lugar seco, fresco y oscuro para que se conserven crujientes. Las algas son particularmente ricas en vitaminas A, B12 y D. Las algas se usan como cinturón

para el *nigirisuzhi* cuando el acompañamiento, como omelette o tofu, puede resbalarse del arroz.

Tezu

Es un tazón con la mitad de vinagre y la mitad de agua que se usa para mojar las manos y el cuchillo, sellar rollos de *nori*, etcétera, y así facilitar la manipulación del arroz para sushi y los ingredientes.

Sake

Es una bebida alcohólica fermentada hecha de arroz, legalmente se define como cerveza de arroz. Tiene una fragancia ligeramente terrosa con matices sutiles —al principio tiene un ligero sabor dulce seguido de un sabor seco—. Antes de abrirse, el *sake* debe almacenarse en un lugar fresco, seco y oscuro, y en el refrigerador después de abrirse. Es muy popular en Japón y es la bebida tradicional que se sirve antes de comer *sushi*.

Mirin

El *mirin* es conocido como *sake* dulce y por lo general se usa para sazonar. Un buen sustituto es el jerez dulce.

Rábano daikon

Es un rábano blanco japonés que puedes encontrar en tiendas asiáticas y en tamaños que van de 19 a 90cm. Puedes refrigerarlo durante varias semanas. Se corta en tiras muy delgadas, por lo general se come con *sashimi* y se usa como sustituto para el alga *nori*. Cuando se pica en trocitos se añade a la salsa de soya para darle una textura y sabor diferentes.

Tofu

Es parecido a un flan hecho de requesón de soya. En los supermercados se vende fresco y dura varios días en el refrigerador si se mantiene sumergido en agua fresca. El *tofu* se usa en el *nigirisuzhi* como sustituto del arroz de sushi o como acompañamiento.

Arroz de *sushi*

Cuando se trata de *sushi*, el arroz es tan importante como el pescado y se necesitan años de entrenamiento para aprender a hacer un sushi perfecto. Existen diferentes maneras de hacerlo, pero si sigues las indicaciones de la página 62 tendrás un método universalmente aceptado y sencillo para hacer el arroz.

Semillas de ajonjolí

Las semillas de ajonjolí blanco se tuestan y se usan como sazonador aromático, mientras que las semillas negras casi siempre se usan para decorar.

Wasabi

El rábano picante es otra especialidad de Japón, rábano *wasabi*, que se ralla finamente y forma una pulpa picante que elimina sabores de pescado desagradables. El *wasabi* fresco es muy costoso y difícil de conseguir, así que la mejor opción es la variedad en polvo. Mézclalo con agua para obtener una consistencia firme. El *wasabi* que viene en tubos tiende a ser demasiado fuerte y no tiene el sabor real del *wasabi*.

Mayonesa

No es de uso muy extendido en el sushi, excepto en el caso del célebre rollo California.

En lugar de usar la mayonesa de huevo tradicional que venden en el súper, prepara la siguiente variedad que tiene una ligera influencia japonesa.

Ingredientes

3 yemas de huevo

½ cucharadita de jugo de limón amarillo

1 taza de aceite vegetal

¼ de taza de *miso* (condimento japonés hecho con soya y cereales)

Sal

1 pizca de pimienta blanca

1 pizca de *yuzu* rallado, ralladura de limón verde o amarillo (ver nota al final de la receta)

Preparación

1. En un tazón bate con una cuchara de madera las yemas de huevo y el jugo de limón.
2. Sin dejar de batir añade el aceite vegetal poco a poco, sólo unas gotas a la vez, hasta que la mezcla comience a emulsionar. Añadir el resto del aceite.
3. Incorporar el miso y los sazonadores.
4. Refrigerar antes de usar.

El yuzu *es una naranja japonesa — puedes sustituirla por limón verde.*

Para sobrevivir en un *sushi* bar

El *sushi* ya dejó de ser exclusivo para gente afortunada. Ahora lo encuentras en cualquier lugar, incluso empaquetado en el supermercado, pero el mejor sitio para obtener todo el sabor de la experiencia sigue siendo el *sushi* bar.

En principio, el restaurante no parece nada fuera de lo normal. Algunos clientes se sientan en la zona de tapetes y mesas bajas, mientras que otros prefieren una mesa común.

Sin embargo, si quieres estar donde está la acción, siéntate en el *sushi* bar. Ahí es donde el chef de *sushi* es el centro de atención entre una montaña pequeña de mariscos y pescados tan bien dispuesta que puedes inspeccionar su frescura, color y textura. Encontrarás toda una gama de pescados enteros, mariscos y hojas de algas para envolver.

El chef, ataviado con una filipina de manga corta y una banda brillante, hace magia sin parar con una bolita de arroz y con un hermoso trozo de salmón color naranja brillante como nunca antes habías visto.

Cada cierto tiempo, un mesero con una charola pasa por ahí y se dirige a las mesas de la parte posterior. Hay rollos California, que contienen aguacate y pescado, en forma de conos de color verde oscuro, mientras que otros rollos interesantes tienen un centro de atún fresco o pepino.

Conforme te sientas, el chef o el mesero te ofrecen la carta, que generalmente tiene fotografías a color y descripciones en español. También te ofrece algo de beber y es entonces cuando te enfrentas a tu primera prueba y la más importante: ¡probar el *sake*!

Pero, una advertencia antes de que empieces: una copa vacía se considera de mala educación, así que el capitán te servirá constantemente. Cuando ya hayas bebido suficiente, voltea tu copa boca abajo.

Quizá te sientas nervioso por la disposición de los accesorios en la mesa, pero no te preocupes. Puesto que no hay tenedores ni cuchillos, o aprendes a usar los palillos o recurres a los dedos. Para los principiantes, los palillos pueden ser frustrantes. Justo cuando crees que estás dominando el arte de sujetar ese bloque de arroz, lo sumerges en la salsa y todo el arroz se desmorona antes de llegar a tu boca.

Tienes una pequeña botella de *shoyu* y un plato extendido para mezclar la salsa con una pizca de *wasabi*. Intenta lo siguiente: voltea el *sushi* y sumerge el lado del pescado en la mezcla de *shoyu*. A fin de cuentas, la idea es complementar el sabor del pescado, no del arroz.

También hay un montecito de *gari* en una esquina de tu plato. Estas delgadas rebanadas, de color rosa y en escabeche, eliminan el gusto del sabor anterior y te preparan para el siguiente. Piensa que es como un botón para reiniciar tus papilas gustativas.

Ahora sólo tienes que decidir qué vas a ordenar primero. En este vasto universo hay comida esperando a los comensales de todos los gustos.

Consejos rápidos para sobrevivir en un *sushi* bar

1 Siéntate en el *sushi* bar. Es la única forma de obtener el sabor completo de la experiencia del *sushi* y así puedes ver de cerca al chef.

2 Pide *sushi* sin pescado. Los vegetarianos y las personas que no están listas para comer pescado crudo pueden comenzar por *kappa-maki*, *omelette* de *sushi* y sopa *miso*.

3 Fíjate qué se sirve crudo. Muchos estilos se *sushi* están cocidos, como el famoso rollo California. Aunque hay ligeras diferencias, por ejemplo, el *ebi* (camarón) se sirve blanqueado mientras que el ama-ebi (camarón dulce) se sirve crudo.

4 Si te sientes más cómodo viendo todos los ingredientes prueba el estilo *nigirisuzhi*: es muy simple —un bloque de arroz con pescado encima. Así sabes exactamente qué vas a comerte.

5 No te olvides del caviar. Los amantes del caviar irán directamente al *sushi* estilo *gunkan*, que parece como un acorazado. Aquí es donde reside el marisco verdaderamente exótico, desde los interiores de un espinoso erizo de mar hasta la hueva del pez volador japonés.

Los buenos modales en el *sushi*

El uso de los palillos

Los palillos se toman con la mano derecha aunque se pueden usar cómodamente con la izquierda. Tómalos ligeramente hacia la parte más gruesa. Voltea las puntas de los palillos antes de que te sirvas de un plato al centro. Cuando no estés usando los palillos devuélvelos al lado derecho de tu plato.

En el bar

Primero, el comensal experimentado ordena un surtido de *sashimi* para dar al chef la oportunidad de que muestre su mejor pescado. Siempre pregúntale al chef qué es lo mejor. El *sashimi* se come con palillos, no es botana.

Cuando termines con el *sashimi* pide un cuenco limpio para la salsa de soya. Ahora estás listo para el *nigirisuzhi* y no debe haber *wasabi* en el plato puesto que ya hay *wasabi* entre el arroz y el pescado. El *nigirisuzhi* se debe comer con las manos, así que no pierdas el tiempo peleándote con los palillos.

Moja ligeramente la punta en la salsa de soya y coloca el lado del pescado sobre tu lengua. Trata de no morder la pieza por la mitad, métela toda a tu boca. Para elegir la selección siguiente, el chef voltea a ver a tu plato para ver qué tal vas, en lugar de verte a ti.

Cuando termines pídele la cuenta al mesero, no al chef. Los chefs de *sushi* se enorgullecen de su trabajo así que procura dejarles propina.

Malos modales

No pidas cuchillos porque podría parecer que la comida está tan dura que no puedes comerla de manera adecuada sin ellos. No pases comida con tus palillos a otra persona; hacerlo es como pasar los huesos incinerados de un pariente difunto en un funeral japonés. No quites el arroz que queda pegado a los palillos. No te comas todo el arroz de una sola vez, más bien come otro poco después de probar otros platillos. Siempre que tomes el arroz debes comerlo. No pases los palillos sobre la comida cuando estés pensando qué vas a comer a continuación.

Wasabi

No uses demasiado *wasabi*. El *wasabi* paraliza tu paladar y esconde los sutiles sabores del pescado crudo.

Cómo comer *sushi*

Mucha gente no sabe cuál es la manera correcta de comer *sushi*. Comerlo de la forma en que explicamos más adelante maximiza los sabores y la experiencia de este gran alimento. Las siguientes son las dos maneras de comer *sushi*:

Método 1

1 Voltea el sushi de lado y tómalo por la parte del arroz y del acompañamiento con los palillos o con el pulgar, el índice y el dedo medio.

2 Moja en la soya el extremo del acompañamiento, no mojes el arroz.

3 Mete el *sushi* a tu boca con el acompañamiento hacia abajo, sobre tu lengua.

Método 2

1 Toma un poco de jengibre y mójalo en la salsa de soya.

2 Usando el jengibre como si fuera una brocha, pon un poco de soya sobre el acompañamiento.

3 Mete el *sushi* a tu boca con el acompañamiento hacia abajo, sobre tu lengua.

No existe un orden establecido para comer los diferentes tipos de *sushi*, con excepción de las piezas envueltas en *nori*, que deben comerse primero puesto que el alga se humedece al contacto con el arroz húmedo y deja de estar crujiente.

No lo empapes en demasiada soya porque el arroz se desmorona y el sabor de la soya opaca los demás. Sigue el mismo consejo para el *wasabi* y el jengibre. Sé moderado porque el exceso de estos hace que el sabor del arroz y del acompañamiento se pierda en lugar de ser complementado.

En los restaurantes modernos de *sushi* te sirven la bebida que quieras para acompañar tu *sushi*, pero lo mejor es que lo hagas con *sake* o té verde. El *sake* se sirve antes de comer —no durante la comida ni después—. Por otro lado, el té verde se sirve durante toda la comida. Esta bebida es esencial para disfrutar el *sushi* por completo puesto que elimina los sabores que quedan en la boca y la deja fresca para el siguiente bocado.

El *sushi* y la salud

Los nutriólogos consideran que el *sushi* es un alimento balanceado y saludable porque contiene muchos nutrientes, como minerales y vitaminas, que son parcialmente destruidos con la cocción.

Arroz: el arroz es una fuente excelente de carbohidratos complejos, los cuales proporcionan energía de liberación lenta. También es fuente de vitaminas de tipo B.

Pescados y mariscos: la mayoría es baja en calorías, contiene menos calorías incluso que el pollo o el corte de carne más magro. Son una excelente fuente de proteínas y minerales de primera calidad, como yodo, zinc, potasio y fósforo. Son ricos en vitaminas, en especial del grupo B. La pequeña cantidad de grasa que contienen los pescados es rica en ácidos grasos omega-3, lo cual hace que sean buenos para el corazón. Los ácidos grasos omega-3 evitan que se formen los coágulos en la sangre que bloquean las arterias, así reducen el riesgo de infartos.

***Nori*:** el alga marina es una fuente excelente de yodo, calcio y hierro, elementos importantes para mantener una estructura ósea sana. También tienen un alto contenido de vitamina B12, que por lo general, sólo se encuentra en productos animales.

Frijol de soya: el frijol de soya proporciona las proteínas de mejor calidad de entre todas las legumbres. Se usa para hacer *tofu*, salsa de soya y *miso*. Mientras que algunos productos de soya contienen una gran cantidad de grasa, los frijoles de soya bajan el colesterol. También aportan fibra dietética, algunas vitaminas tipo B y una variedad de minerales y antioxidantes.

***Wasabi*:** este condimento esencial del *sushi* es una fuente excelente de vitamina C.

técnicas

Cómo preparar arroz para *sushi*

El arroz cocido para *sushi* debe tener una textura ligeramente más dura que para otros platillos. Se necesita alrededor de 1 taza de arroz para cada rollo. Es más fácil, y mejor, hacer arroz de más que hacer arroz de menos. Cada receta de arroz para *sushi* es diferente, pero todas sirven. Puedes encontrar recetas en una botella de vinagre de arroz, en la bolsa del arroz o en el paquete de *nori*.

La mayoría de las recetas indican lavar el arroz crudo hasta que el agua salga transparente. La razón por la que se lava es para eliminar el almidón. Muchas especies de arroz están cubiertas de almidón de cereal, más que de almidón, así que no es necesario el lavado.

La tradición sugiere que, después de lavarlo, se debe dejar el arroz en el colador, o *zaru*, de 30 a 60 minutos. Tú decides. El arroz que debes usar debe ser de grano corto.

Arroz para *sushi*

Ingredientes

4 tazas de arroz de grano corto

Vinagre para *sushi*

½ taza de vinagre de arroz

4 cucharadas de azúcar

2 cucharaditas de sal

1 cucharadita de salsa de soya

Preparación

1 Sumergir el arroz en agua para lavarlo hasta que ésta salga transparente. En una cacerola mezclar el arroz y 4 tazas de agua, dejar reposar durante 30 minutos.

2 Dejar que el agua suelte el hervor. Reducir el fuego y hervir a fuego lento durante 20 minutos. Apagar el fuego y dejar que suelte el vapor durante 20 minutos más.

3 En una sartén combinar los ingredientes para el vinagre y calentar, revolviendo, hasta que se disuelvan.

4 En un tazón colocar el arroz caliente, rociar el vinagre de *sushi* sobre el arroz y mezclar con un movimiento cortante. Utilizar un abanico para enfriar hasta que alcance la temperatura ambiente.

1 Enjuagar un tazón de madera japonés *(hangiri)* o uno plano de madera o uno de plástico con agua fría antes de colocar el arroz caliente.

2 Agregar el vinagre para *sushi*, verterlo sobre una pala para ayudar a esparcirlo de manera uniforme.

3 Mezclar el vinagre con el arroz con cuidado de no aplastarlo.

4 Usar un abanico para hacer que el arroz llegue a temperatura ambiente.

Cómo preparar *nigirizushi*

Lo más importante al preparar *nigirizushi* es el equilibrio entre el acompañamiento y el arroz. Se le da forma con la mano presionando ligeramente los ingredientes. Necesitas una tabla para cortar, un cuchillo filoso, el acompañamiento de pescado, el arroz preparado y un tazón de agua avinagrada *(tezu)* para enjuagarte los dedos. Una de las características más importantes del *sushi* bien preparado es que el arroz no se separe cuando lo tomas.

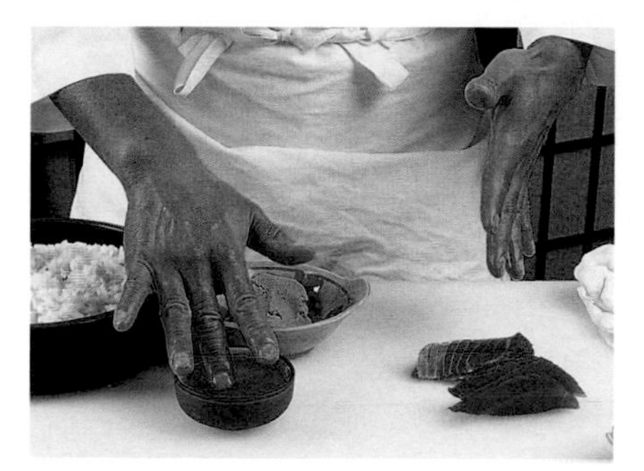

1 Preparar el *tezu* (ver página 59). Humedecer los dedos y las palmas de las manos con el *tezu* —usar una cantidad pequeña.

2 Con una mano tomar una pieza de pescado y con la otra tomar un puñito de arroz —no usar demasiado. Presionar ligeramente el arroz para formar un bloque.

3 Con la pieza de pescado sobre la palma de la mano untar una pequeña cantidad de *wasabi* a lo largo del pescado.

4 Sin soltar la pieza de pescado, colocar el bloque de arroz sobre el pescado. Con el pulgar hacer una pequeña depresión en el arroz.

5 Con el dedo índice de la otra mano presionar el arroz para que se aplane.

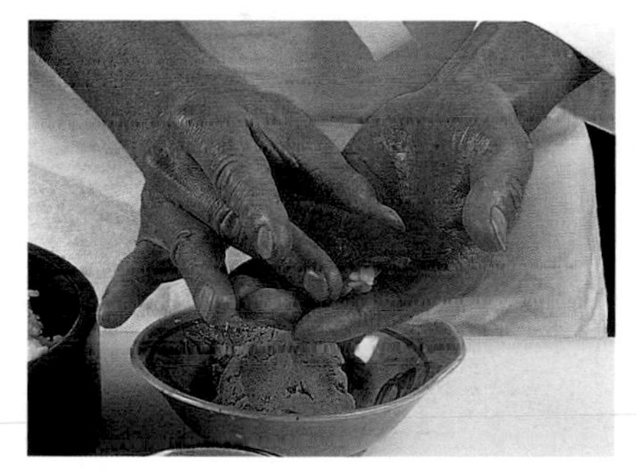

6 Voltear el *sushi* (con el pescado hacia arriba) y, con el pulgar y el dedo medio, presionar el arroz.

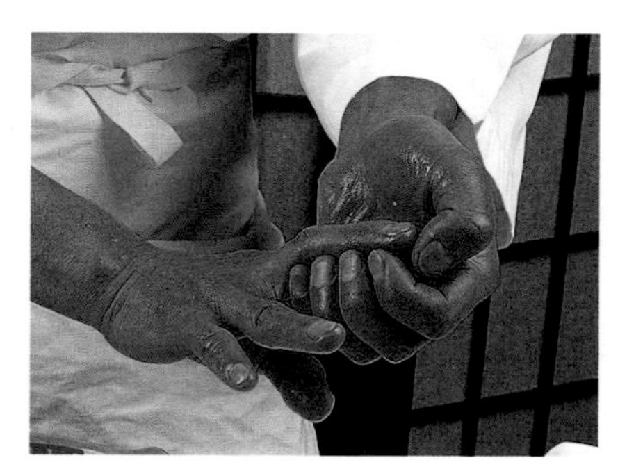

7 Colocar la mano y los dedos como se indica en la ilustración, cubriendo el pescado y el arroz. Presionar alrededor. Repetir los pasos 5 a 7 dos veces más.

8 El pescado debe cubrir el arroz firme.

Cómo hacer rollos delgados de *sushi*

1 Cortar una hoja de *nori* a la mitad, a lo largo, y cortar los lados para que esté recta. Clocar el lado brilloso de la *nori* contra el tapete de bambú.

2 Humedecer las manos con *tezu* y tomar un puño de arroz de la fuente de madera para enfriar el arroz. Esparcir el arroz de manera uniforme sobre la *nori*.

3 Con el dedo índice esparcir a lo largo del arroz la cantidad deseada de *wasabi*, comenzar por un extremo, esparcirlo hacia el centro y hasta el otro extremo

4 Colocar el relleno por el centro del arroz, sobre el *wasabi*. Levantar una orilla del tapete de bambú.

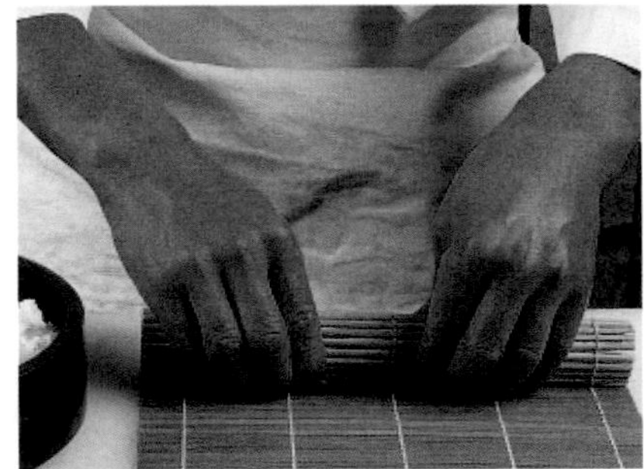

5 Con ambas manos sujetar el tapete y el relleno. Enrollar el tapete y la nori sobre el relleno, asegurarse de que todos los ingredientes sean presionados de manera uniforme.

6 Continuar enrollando y aplicar un poco más de presión para compactar el arroz. Si es necesario repetir el último paso para asegurar que el arroz sea presionado de manera firme y uniforme a lo largo del rollo.

7 Quitar el rollo del tapete y colocarlo sobre una tabla para cortar. Cortar el rollo por la mitad.

8 Por lo general de cada rollo salen 6 piezas, colocar ambas mitades paralelamente y cortar en tercios.

Cómo hacer rollos gruesos de *sushi*

1 Cortar la hoja de *nori* por la mitad a lo largo y cortar los lados para que quede recta. Colocar una mitad de la *nori*, con el lado brillante hacia abajo, sobre el tapete de bambú.

2 Humedecer las manos con *tezu* y tomar un puño de arroz de la fuente de madera para enfriar el arroz. Esparcir el arroz de manera uniforme sobre la *nori*.

3 Agregar la cantidad deseada de *wasabi* a lo largo del centro del arroz.

4 Añadir un poco de mayonesa japonesa.

5 Colocar el relleno en el centro, sobre el *wasabi* y la mayonesa.

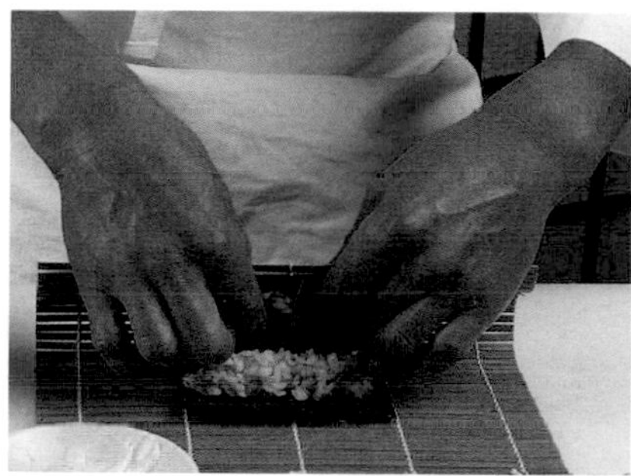

6 Comenzar a enrollar el tapete, por el extremo más angosto, sobre los ingredientes, dejar libres aproximadamente 2.5cm de la orilla de la *nori*.

7 Levantar el tapete y enrollar de nuevo para unir las orillas de la *nori*, aplicado un poco de presión para que el rollo sea firme.

8 Con un cuchillo filoso cortar el rollo por la mitad, colocar las mitades juntas y cortarlas en tercios. De cada rollo salen 6 piezas.

Cómo preparar rollos con el arroz por fuera

1 Cortar una hoja de *nori* por la mitad a lo largo y cortar las orillas para que queden rectas. Colocar una mitad de *nori* sobre un tapete de bambú y tomar un puño de arroz para *sushi*.

2 Repartir uniformemente el arroz sobre la *nori*. Después de eso, colocar la hoja de *nori* con el arroz hacia abajo sobre un paño húmedo.

3 Esparcir un poco de *wasabi* por el centro de la *nori*.

4 Añadir los ingredientes a lo largo del centro de la *nori*.

5 Comenzar a enrollar el tapete sobre los ingredientes, dejar libres aproximadamente 2.5cm de la orilla de la *nori*.

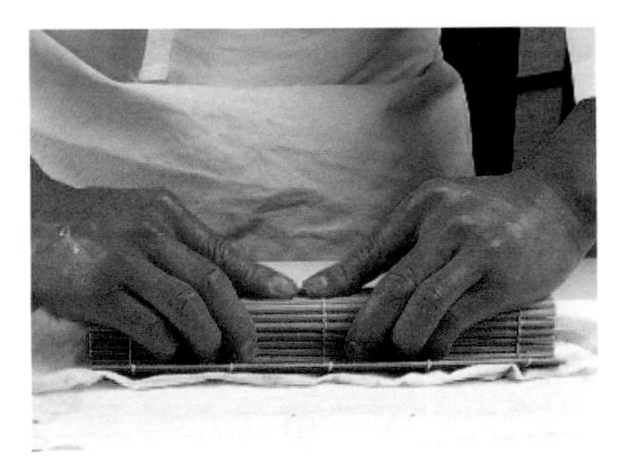

6 Levantar el tapete y enrollar hacia adelante para juntar los extremos de la *nori*, presionar el rollo de manera uniforme para hacer que esté firme.

7 Quitar el rollo del tapete y transferirlo a un plato. Con una cuchara esparcir la hueva hasta cubrir todo el arroz.

8 Con un cuchillo filoso cortar el rollo por la mitad, colocar las dos mitades paralelas y cortarlas en tercios. De cada rollo salen 6 piezas.

Cómo preparar *temakizushi*

En un principio, el *temakizushi* era un alimento preparado por chefs muy ocupados. Tenían los ingredientes, pero no tenían tiempo de preparar el *sushi*, entonces idearon este *sushi* enrollado a mano.

El *temaki* ofrece una variante del sushi en forma de cono y es una excelente manera de experimentar con los ingredientes, como pollo cocido o carne de res cruda o término rojo, y sazonar con salsas llenas de sabor. El *temaki* se prepara rápido y fácil, es delicioso aunque tenga un relleno barato.

Ingredientes

10 hojas de *nori*

500g de arroz para *sushi*

Wasabi

Sugerencias para relleno

Rebanadas de atún

Camarones tempura

Camarones cocidos

Palitos de cangrejo

Filetes de unagi (anguila)

Pescadilla en escabeche (ver página 90) o

Sashimi de lenguado (ver página 92)

Pez volador, salmón o hueva de erizo de mar

Omelette

Pepino

Aguacate

Salmón ahumado (o cualquier pescado ahumado)

Mayonesa japonesa o queso crema (como alternativa al *wasabi)*

Otra variante poco común cuando se terminan las nori *es hacer el* temakizushi *envuelto en lechuga iceberg o romana, y le da un toque fresco.*

1 Tomar un puño de arroz, del tamaño de una pelota de golf, y una hoja de *nori.*

2 Colocar el arroz en una orilla de la *nori* y comenzar a esparcirlo, cubrir sólo la mitad de la hoja.

3 Con el dedo o una cuchara untar *wasabi* sobre el arroz.

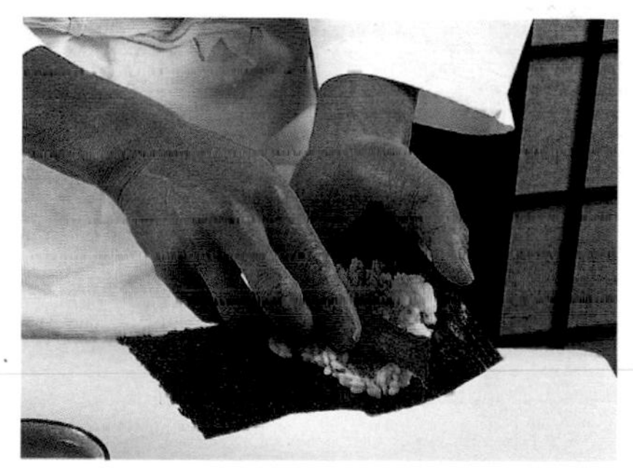

4 Colocar el relleno del rollo desde la esquina inferior hacia el centro del lado opuesto.

5 Doblar el extremo más cercano a la *nori* sobre el relleno, dándole una forma de cono.

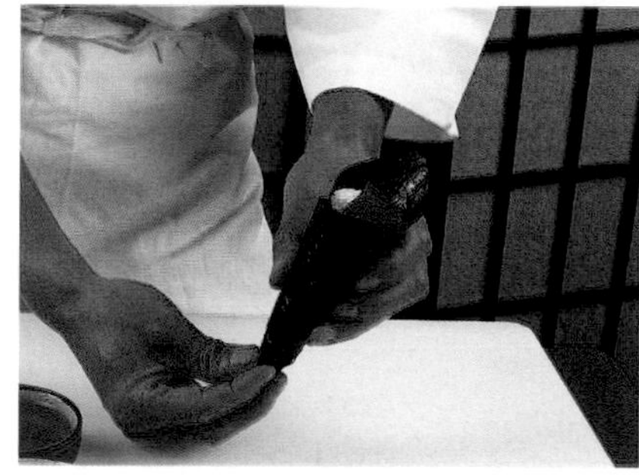

6 El *temakizushi* terminado debe tener forma de cono, el arroz no debe salirse por la parte inferior.

Cómo preparar rectángulos de *sushi*

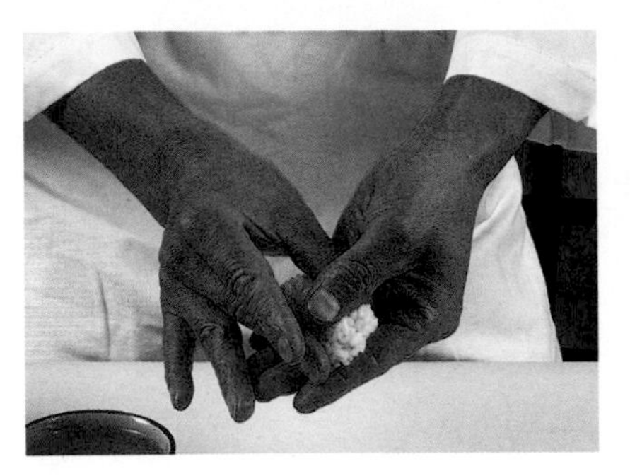

1 Mojar la mano con *tezu*, tomar un puño pequeño de arroz y darle forma rectangular.

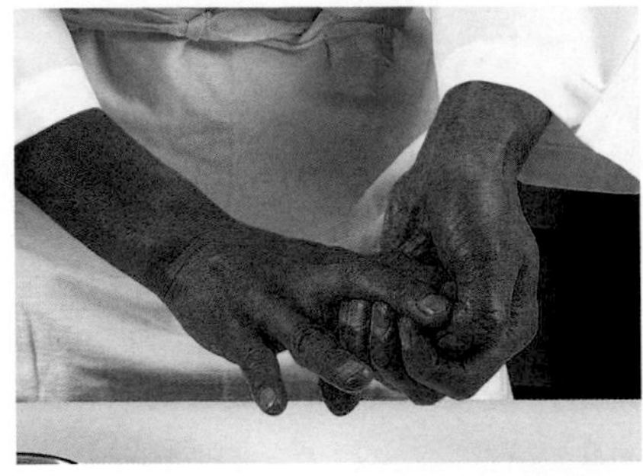

2 Con los dedos envolver el rectángulo de arroz. Colocar el pulgar de la misma mano en un extremo del rectángulo, y el dedo índice y el dedo medio de la otra mano encima del rectángulo. Aplicar un poco de presión para que esté firme.

3 Cortar una tira de *nori* de 4cm de ancho. Por cada hoja deben salir de 5 a 6 tiras.

4 Mojar con *tezu* la mano que manipula el arroz, la mano que manipula la *nori* debe estar seca. Colocar el trozo de arroz sobre la tira de *nori*.

5 Envolver el *nori* alrededor del rectángulo de arroz y sostener ligeramente los extremos —aplicar un poco de *tezu* para asegurar el rollo.

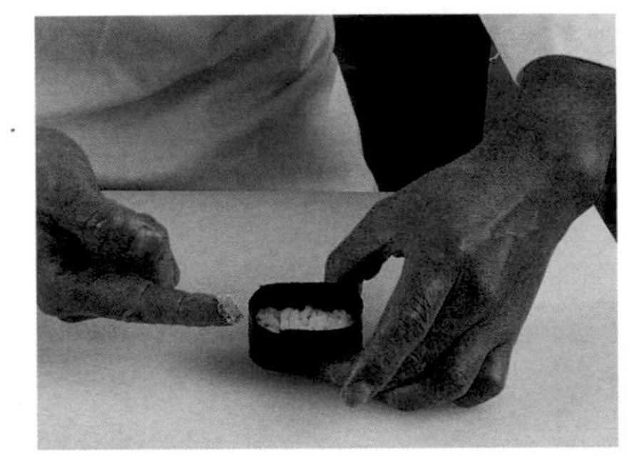

6 Colocar un poco de *wasabi* con la punta del dedo.

7 Agregar una cantidad suficiente de acompañamiento para que llegue a la parte superior de la *nori*.

8 Los rectángulos de sushi deben comerse poco después de prepararse pues el líquido del acompañamiento puede filtrarse y se pierde un poco del sabor.

Cómo preparar omelette de *sushi*

Ingredientes

- ⅓ taza de dashi (caldo de pescado)
- 3 cucharadas de azúcar
- 1 pizca de sal
- 1 cucharada de mirin
- 2 cucharadas de salsa de soya
- 8 huevos

Preparación

1 Mezclar el dashi, el azúcar, la sal, el mirin y la salsa de soya, revolver hasta que el azúcar y la sal se disuelvan.

2 Incorporar los huevos y batir con cuidado de no airear la mezcla.

3 Calentar una sartén para *omelette* o una sartén común, barnizar la sartén con un poco de aceite vegetal. Verter un poco de la mezcla del *omelette* para que se forme una capa ligera.

4 Con unos palillos o una espátula romper las burbujas que se formen en la superficie.

5 Cuando el *omelette* esté casi cocido o apenas firme, inclinar la sartén hacia delante y, al mismo tiempo, agitar la sartén para que el *omelette* se despegue un poco.

6 Con los palillos doblar el *omelette* por la mitad, desde el extremo cercano al mango de la sartén. Barnizar de nuevo la sartén con aceite.

7 Verter un poco más de la mezcla de huevo a la sartén.

8 Levantar el *omelette* ya cocido e inclinar ligeramente la sartén para que la mezcla se deslice por debajo. Cuando esté firme, doblarla como en el paso 6.

9 Continuar añadiendo, cociendo y doblando el *omelette* hasta usar toda la mezcla.

10 Así deben verse las capas del *omelette* al final.

Cómo preparar masa para tempura

Las técnicas japonesas para freír no son diferentes a las nuestras, aunque se distinguen del resto gracias a la atención que le prestan a la masa con la que cubren los alimentos que van a freír y a la condición y temperatura del aceite.

La masa debe ser un poco ligera y diluida, que escurra con facilidad de la cuchara. Si está demasiado espesa, se puede adelgazar con unas gotas de agua fría, la masa debe ser usada pronto después de prepararla, no dejar pasar más de 10 minutos aproximadamente.

Masa para tempura

Ingredientes

1 yema de huevo

1½ tazas de harina común

1 En un tazón grande colocar la yema de huevo.

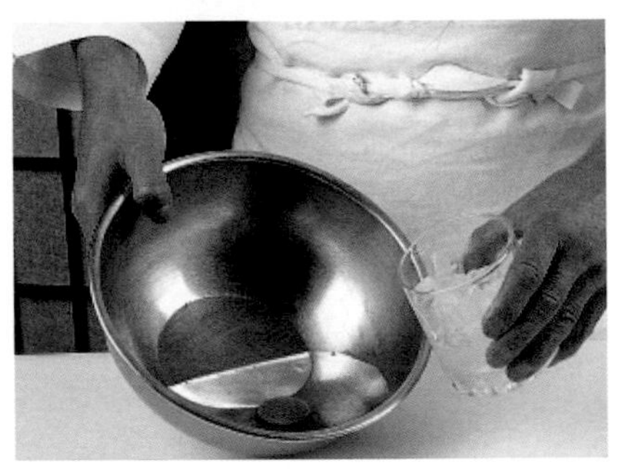

2 Añadir una taza de agua fría y 4 cubitos de hielo.

3 Con palillos o tenedor batir la yema con el agua hasta que se incorporen.

4 Cernir la harina y añadirla a la mezcla de la yema.

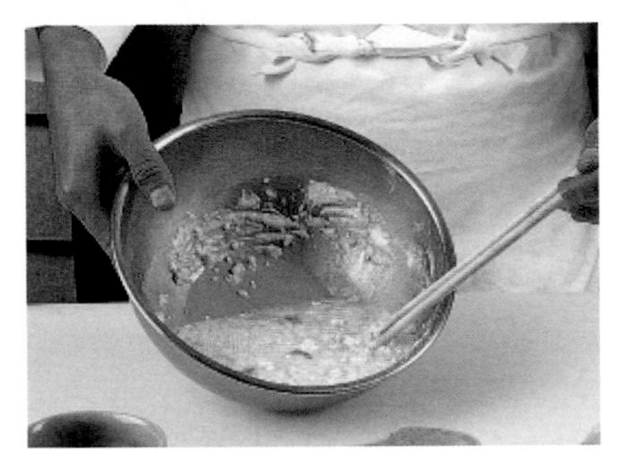

5 Mezclar bien hasta que los ingredientes estén perfectamente bien incorporados.

Cómo hacer cortes para *sashimi*

Existen 5 métodos básicos en el *sashimi* y en el *sushi*, y para absolutamente todos ellos, es indispensable un cuchillo grande.

Corte plano *(hira giri)*

Es la forma más popular y es adecuada para cualquier pescado fileteado. El pescado se sostiene con firmeza y se corta en rebanadas de 5 a 10mm de ancho, según el tamaño del filete.

Corte en tiras *(ito zukuri)*

Aunque esta técnica puede usarse con cualquier pescado pequeño, es excelente para los calamares. Se cortan a lo largo en rebanadas de 5mm y se marcan cortes a lo ancho cada 5mm.

Corte en cubos *(kazu giri)*

Es un corte que por lo general se usa para el atún. Se hacen cortes planos y después se corta en cubos de 1cm.

Corte delgado *(usu zukuri)*

Se usa para cualquier pescado blanco, como lenguado o huachinango. Se sostiene firmemente con la mano y se corta en rebanadas muy delgadas, casi transparentes.

Corte en diagonal *(sori giri)*

Es el corte ideal para los ingredientes superiores. Comenzar con una pieza de pescado rectangular, como salmón o atún, se corta un triángulo a partir de la esquina, y se cortan piezas de 5 a 10mm de grueso

Corte plano

Corte en diagonal

SUSHI DE LANGOSTINOS (*EBI NO NIGIRIZUSHI*)

Ingredientes

10 langostinos crudos

1 cucharadita de sal

1 taza de vinagre, más 1 cucharadita

2 tazas de arroz para sushi (ver página 62)

2 cucharaditas de wasabi (ver página 59)

Preparación

1 Insertar una brocheta en cada langostino para evitar que se curven. En una cacerola con 2 tazas de agua hirviendo colocar los langostinos, la sal y 1 cucharadita de vinagre, dejar hervir a fuego lento de 2 a 3 minutos.

2 Sacar los langostinos y sumergirlos en agua fría. Si es necesario verter más agua fría para enfriarlos bien. Remover las brochetas de los langostinos. Pelarlos y quitarles las patas, dejar las colas intactas.

3 Para sacar la vena hacer un corte a lo largo del lomo y retirar la vena. Insertar un cuchillo por la parte de las patas y abrir en mariposa. Remojar en agua salada durante 20 minutos. En un tazón colocar 1 taza de vinagre y 2 tazas de agua, pasar los langostinos y dejar remojar durante 20 minutos más. Hacer el nigirizushi según se describe en la página 63. **Rinde 10 piezas**

SUSHI DE SALMÓN (*SAKE NO NIGIRIZUSHI*)

Ingredientes

300g de filetes de salmón

2 tazas de arroz para sushi (ver página 62)

1 cucharada de wasabi (ver página 59)

Preparación

1 Con el corte plano o en diagonal (ver página 71) rebanar los filetes. Preparar el nigirizushi según se describe en la página 63. **Rinde 20 piezas**

SUSHI DE ATÚN (*MAGURO NO NIGIRIZUSHI*)

Ingredientes

300g de filetes de atún

2 tazas de arroz para sushi (ver página 62)

1 cucharada de wasabi (ver página 59)

Preparación

1 Cortar los filetes en corte plano o en diagonal (ver página 71). Preparar el nigirizushi según se describe en la página 63. **Rinde 20 piezas**

Existen diferentes clases de atún —de aleta amarilla, de aleta azul, entre otros— excelentes para preparar sushi.

SUSHI DE SALMÓN
SUSHI DE LANGOSTINO
SUSHI DE ATÚN

SUSHI DE CALLO DE HACHA
(HOTATE-GAI NO NIGIRIZUSHI)

Ingredientes

6 callos de hacha

½ taza de arroz para sushi (ver página 62)

1 cucharadita de wasabi (ver página 59)

Preparación

1 En una parrilla muy caliente sellar los callos de hacha durante 20 segundos por cada lado.

2 Preparar el nigirizushi según se describe en la página 63. Rinde 6 piezas.

Los callos de hacha se venden en media concha o sin ella. Para sacar la carne sólo es necesario deslizar el cuchillo entre la carne y la concha.

SUSHI DE BERBERECHO
(TORI-GAI NO NIGIRIZUSHI)

Ingredientes

6 berberechos en su concha

½ taza de arroz para sushi (ver página 62)

1 cucharadita de wasabi (ver página 59)

Preparación

1 Remojar los berberechos en agua durante 3 horas, mínimo, para retirar cualquier exceso de sal.

2 Abrir los berberechos de la misma manera en que se abren los ostiones (ver página 6).

3 Preparar el nigirizushi como se describe en la página 63. **Rinde 6 piezas**

SUSHI DE BERBERECHO
SUSHI DE CALLO DE HACHA

SUSHI DE ATÚN MARINADO
(MAGURO-NO-ZUKE NIGIRIZUSHI)

Ingredientes

300g de filetes de atún o de bonito
½ taza de mirin (ver página 59)
½ taza de sake (ver página 59)
2 tazas de arroz para sushi (ver página 62)
1 cucharada de wasabi (ver página 59)

Preparación

1 Colocar el filete sobre una tabla para cortar y colocarla en el fregadero. Taparla con un paño de cocina y verter agua hirviendo encima. Inmediatamente después verter agua fría.

2 Mezclar el mirin y el sake.

3 Con papel absorbente secar bien los filetes. En un tazón mezclar el sake y el mirin y añadir los filetes. Dejar marinar de 2 a 3 horas.

4 Cortar los filetes en cortes finos (ver página 71) y preparar el nigirizushi según se describe en la página 63. **Rinde 20 piezas**

SUSHI DE VIENTRE DE SALMÓN A LA PARRILLA
(YAKI-SAAMON NIGIRIZUSHI)

Ingredientes

1 cucharadita de sal
1 cucharadita de sake (ver página 59)
200g de vientre de salmón, con piel
1⅓ tazas de arroz para sushi (ver página 62)
1 cucharada de rábano daikon, rallado (ver página 59)
1 cebollín, finamente rebanado

Preparación

1 Espolvorear la sal sobre la piel del salmón y bañarlo con el sake.

2 Asar el salmón en la parrilla durante 2 minutos, del lado de la piel.

3 Retirar de la parrilla y dejar enfriar.

4 Cortar el vientre del salmón en rebanadas finas y preparar el nigirizushi según se describe en la página 63.

5 Colocar un poco de rábano sobre el sushi y decorar con el cebollín. **Rinde 20 piezas**

El vientre de salmón tiene mucho sabor, aunque es un poco grasoso. Se puede sustituir por bonito.

SUSHI DE ATÚN MARINADO
SUSHI DE SALMÓN A LA PARRILLA

SUSHI DE CALAMARES *(IKA NO NIGIRZUSHI)*

Ingredientes

300g de calamares

1½ tazas de arroz para sushi (ver página 62)

1 cucharadita de wasabi (ver página 59)

Preparación

1 Preparar los calamares según se describe en la página 7.

2 Cortar los calamares en tiras (ito zukuri) como se describe en la página 71.

3 Preparar el nigirizushi según se describe en la página 63. **Rinde 15 piezas**

SUSHI DE PESCADO BLANCO DE TEMPORADA *(SHIROMI NO NIGIRIZUSHI)*

Ingredientes

200g de pescado blanco como huachinango, fletán o pescadilla

1½ tazas de arroz para sushi (ver página 62).

1 cucharadita de wasabi (ver página 59)

Preparación

1 Cortar el pescado en filetes delgados (usu zukuri) como se describe en la página 71.

2 Preparar el nigirizushi según se describe en la página 63. **Rinde 15 piezas**

SUSHI DE CALAMARES
SUSHI DE PESCADO BLANCO DE TEMPORADA

SUSHI DE ANGUILA DE AGUA DULCE *(UNAGI NO NIGIRIZUSHI)*

Ingredientes

½ taza de salsa de soya
1 taza de mirin (ver página 59)
2 cucharadas de azúcar
1 anguila de agua dulce, precocida
2 tazas de arroz para sushi (ver página 62)
20 cinturones de nori (ver página 59)

Preparación

1. En una cacerola mezclar la salsa de soya, el mirin y el azúcar. Dejar que suelte el hervor y que reduzca a la mitad.
2. Cortar la anguila en rebanadas finas y cocer en la parrilla durante 2 minutos, humedeciendo con la mezcla de soya.
3. Preparar el nigirizushi según se describe en la página 63.
4. Para hacer los cinturones de nori, cortar tiras de 1cm de ancho y envolver con ellas el arroz y el acompañamiento. **Rinde 20 piezas**

No es fácil encontrar anguila fresca y es más difícil de preparar. Se puede encontrar en supermercados asiáticos o en pescaderías especializadas.

SUSHI DE CONGRIO *(ANAGO NO NGIRIZUSHI)*

Ingredientes

250g de filetes de congrio (anguila de mar)
3 cucharadas de salsa de soya
3 cucharadas de azúcar
1⅔ tazas de arroz para sushi (ver página 62)
20 cinturones de nori (ver página 58)

Preparación

1. En una cacerola hervir 2 tazas de agua, añadir el congrio y cocer durante 1 minuto, refrescar en agua fría.
2. Agregar la salsa de soya y el azúcar al agua hirviendo.
3. Colocar el congrio nuevamente en el agua hirviendo y cocer durante 20 minutos, retirar del fuego.
4. Dejar enfriar y preparar el nigirizushi como se describe en la página 63.
5. Para hacer los cinturones de nori, cortar la nori en tiras de 1cm de ancho y envolver con ellas el arroz y el acompañamiento. **Rinde 20 piezas**

SUSHI DE ANGUILA DE AGUA DULCE
SUSHI DE CONGRIO

SUSHI DE PULPO *(TAKO NO NIGIRIZUSHI)*

Ingredientes

2 pulpos medianos, aproximadamente de 500g cada uno, limpios

2 cucharadas de sal

6 cucharadas de vinagre para sushi

2 cucharadas de té verde japonés (o-cha)

2 tazas de arroz para sushi (ver página 62)

20 cinturones de nori (ver página 58)

Preparación

1 Cortar las cabezas de los pulpos y voltear con el interior hacia fuera.

2 Espolvorear 2 cucharadas de sal sobre los pulpos y frotar la carne para eliminar la viscosidad.

3 En una cacerola grande hervir agua, 2 cucharadas de sal, 2 cucharadas de vinagre de sushi y 2 cucharadas de té verde. Hervir los pulpos de 8 a 10 minutos.

4 Retirar los pulpos del agua hirviendo y colocarlos en un recipiente con agua fría con 2 cucharadas de sal y 4 cucharadas de vinagre de sushi. Dejar reposar durante 10 minutos.

5 Cortar los pulpos en rebanadas delgadas y preparar el nigirizushi siguiendo las instrucciones de la página 63.

6 Para hacer los cinturones de nori, cortar la nori en tiras de 1cm de ancho y envolverlas alrededor del arroz y del acompañamiento. **Rinde 20 piezas**

SUSHI DE SEPIA *(GESO NO NIGIRIZUSHI)*

Ingredientes

1kg de sepia

3 cucharadas de sal

2 cucharadas de vinagre para sushi

1 cucharada de té verde japonés (o-cha)

1½ tazas de arroz para sushi (ver página 62)

15 cinturones de nori (ver página 58)

Preparación

1 Limpiar la sepia de la misma manera en que se limpian los calamares, seguir las instrucciones de la página 7. Reservar las patas, las capuchas se pueden usar para tempura.

2 Espolvorear 1 cucharada de sal sobre las sepias y frotar para eliminar la viscosidad.

3 En una cacerola grande hervir agua, añadir 1 cucharada de sal, 1 cucharada de vinagre para sushi y 1 cucharada de té verde. Hervir la sepia de 8 a 10 minutos.

4 Retirar la sepia de la cacerola y sumergirla en un recipiente con agua fría con 1 cucharada de sal y 1 cucharada de vinagre para sushi. Dejar reposar durante 10 minutos.

5 Cortar la sepia en rebanadas finas y preparar el nigirizushi según se describe en la página 63.

6 Para hacer los cinturones de nori, cortar la nori en tiras de 1cm de ancho y envolver alrededor del arroz y el acompañamiento. **Rinde 15 piezas**

SUSHI DE SEPIA
SUSHI DE PULPO

ROLLOS DE ATÚN *(TEKKA-MAKI)*

Ingredientes

100g de filetes de atún

2 hojas de nori, en mitades (ver página 58)

1 taza de arroz para sushi (ver página 62)

1 cucharadita de wasabi (ver página 59)

Preparación

1 Cortar los filetes de atún en tiras con cortes transversales de 5 x 10mm aproximadamente.

2 Preparar rollos delgados de atún según se describe en la página 64. **Rinde 24 piezas**

Antes de preparar un rollo de sushi, cortar la nori a la mitad y recortar las mitades para que los lados estén rectos. Los recortes pueden usarse como cinturones de nori.

ROLLOS DE PEPINO *(KAPPA-MAKI)*

Ingredientes

1 pepino

2 hojas de nori, cortadas a la mitad (ver página 58)

1 taza de arroz para sushi (ver página 62)

1 cucharadita de wasabi (ver página 59)

Preparación

1 Rebanar el pepino en tiras con cortes transversales de 5 x 10mm aproximadamente.

2 Preparar rollos delgados de pepino según las instrucciones de la página 64. **Rinde 24 piezas**

Estos rollos delgados son deliciosos con salmón fresco, salmón ahumado, camarones, aguacate, atún desmenuzado con chile, omelette o ciruela umeboshi en lugar del pepino.

ROLLOS GRUESOS *(FUTO-MAKI)*

Ingredientes

75g de omelette de sushi (ver página 69)

1 pepino

1 aguacate maduro

75g de filetes de anguila, precocidos

2 hojas de nori, en mitades (ver página 58)

1 cucharada de wasabi (ver página 59)

3 tazas de arroz para sushi (ver página 62)

Preparación

1 Cortar el omelette, el pepino, el aguacate y la anguila en tiras de 5 x 10 x 75mm aproximadamente.

2 Preparar los rollos gruesos según se describe en la página 65. **Rinde 16 piezas**

ROLLOS DE PEPINO
ROLLOS DE ATÚN

ROLLOS CALIFORNIA *(KARIFORUNIA-MAKI)*

Ingredientes

4 camarones medianos, cocidos
1 aguacate maduro, pelado y rebanado
1 pepino, finamente rebanado
8 cucharaditas de hueva de pez volador
4 hojas de lechuga
2 hojas de nori, cortadas en mitades (ver página 58)
3 tazas de arroz para sushi (ver página 62)
1 cucharadita de wasabi (ver página 59)
3 cucharaditas de mayonesa japonesa (ver página 59)

Preparación

1 Pelar los camarones y quitarles la vena, cortar en mitades a lo largo.

2 Utilizar el resto de los ingredientes, preparar los rollos California siguiendo las instrucciones para hacer rollos gruesos de sushi que se indican en la página 65. **Rinde 24 piezas**

ROLLOS CON EL ARROZ POR FUERA *(URA-MAKI)*

Ingredientes

200g de filetes de salmón
1 aguacate maduro
1 pepino
3 cucharadas de mayonesa japonesa
2 hojas de nori, cortadas en mitades (ver página 58)
3 tazas de arroz para sushi (ver página 62)
1 taza de semillas de ajonjolí
1 cucharadita de wasabi (ver página 59)

Preparación

1 Cortar el salmón, el aguacate y el pepino en trozos adecuados.

2 Utilizar el resto de los ingredientes, preparar los rollos con el arroz por fuera siguiendo las instrucciones de la página 66. **Rinde 24 piezas**

Dependiendo de la estación, los ingredientes pueden variar, se pueden elegir al gusto.

ROLLOS DE CUATRO LADOS (*SHIKAI-MAKI*)

Ingredientes

1½ hojas de nori (ver página 58)
1 omelette de sushi (ver página 69)
4 huevos, duros
1⅔ de taza de arroz para sushi (ver página 62)

Preparación

1 Cortar la hoja de nori completa para tener 3 mitades. Cortar el omelette por la mitad para tener una pieza de 15 x 15 x 100mm. Rallar las yemas de los huevos, desechar las claras. Sobre un tapete de bambú colocar una hoja de nori. Esparcir un tercio del arroz para sushi sobre la nori. Colocar otra hoja de nori sobre la primera y esparcir otro tercio de arroz sobre la nori.

2 Preparar un sushi grueso siguiendo las instrucciones de la página 65. Cortar el rollo en cuartos a lo largo.

3 Colocar el último tercio de nori sobre el tapete de bambú y esparcir el resto del arroz.

4 Voltear la nori y colocarla al revés sobre un paño húmedo. Colocar juntos los 4 cuartos del rollo cortado anteriormente, poner el omelette en el centro y enrollar.

5 Enrollar dándole forma de cuadrado, presionar en los lados la yema rallada y cortar en cuatro piezas iguales. Rinde 4 piezas

SASHIMI DE PEZ AGUJA (*SAYORI*)

Ingredientes

2 peces aguja medianos, completos
1 zanahoria, rallada
1 rábano daikon, rallado (ver página 59)
Hojas de lechuga
Nori rallada (ver página 58)

Preparación

1 Limpiar y filetear el pez aguja siguiendo las indicaciones de la página 5.

2 Cortar los filetes en tiras o en rebanadas delgadas según se describe en la página 71.

3 En un plato acomodar la zanahoria, el rábano y la lechuga, colocar el pescado encima y esparcir la nori rallada. Porciones 1

El pez aguja tiene una textura suave, un contenido medio de grasa y un sabor dulce y agradable. Tener cuidado al quitar las espinas.

ROLLOS DE CAMARÓN Y PEPINO

Ingredientes

1 pepino
1 taza de arroz para sushi (ver página 62)
¼ taza de wasabi (ver página 59)
6 camarones pequeños, cocidos, pelados y sin cabeza, con cola
3 cucharadas de hueva de salmón
1 racimo pequeño de menta

Preparación

1 Rebanar el pepino en tiras largas y finas. Preparar el sushi en bloques de arroz como se describe en la página 68, usar las tiras de pepino en lugar de la nori y fijar el pepino con un poquito de wasabi.

2 Añadir un camarón a cada pieza de sushi terminada. Colocar una cucharadita de hueva de salmón y una hoja de menta. **Rinde 6 piezas**

SASHIMI DE PESCADILLA EN ESCABECHE *(KISU)*

Ingredientes

2 pescadillas frescas, enteras

2 cucharadas de sal

1 taza de vinagre de arroz

Preparación

1 Limpiar y filetear la pescadilla según se indica en la página 5.

2 Espolvorear la sal sobre los filetes y dejar reposar de 10 a 15 minutos. Enjuagar en agua fría.

3 En un tazón colocar los filetes y cubrir con el vinagre de arroz, dejar reposar durante 10 minutos más.

4 Sacar del vinagre y colar.

5 Cortar los filetes en cubos o en cortes delgados según se describe en la página 71. **Rinde 2**

SASHIMI DE JUREL *(SHIMA-AJI)*

Ingredientes

1 jurel entero, de 1kg aproximadamente

Rábano daikon, rallado (ver página 59)

Preparación

1 Limpiar y filetear el jurel según se describe en la página 5.

2 Cortar los filetes en corte plano siguiendo las indicaciones de la página 71. Algunos trozos en corte fino pueden acomodarse en forma de flor para que el plato sea más atractivo.

3 Servir decorado con rábano daikon rallado. **Rinde 2**

La carne del jurel es firme y blanca, tiene un moderado sabor a pescado y es una excelente opción, aunque poco apreciada, para comer sashimi. El jurel pequeño es mejor para consumir pues el grande es un poco más seco y tiene menos sabor.

SASHIMI DE ATÚN *(MAGURO)*

Ingredientes

300g de filetes de atún

Salsa para acompañar

3 cucharadas de salsa de soya

2½ cucharaditas de sake (ver página 59)

5 cucharaditas de bonito seco, en hojuelas (katsuobushi)

Preparación

1 Cortar el atún en corte plano según se indica en la página 71.

2 Para hacer la salsa, en una sartén pequeña colocar la salsa de soya, el sake y el bonito seco, dejar que suelte el hervor, revolver constantemente, durante 2 minutos.

3 Pasar por un colador fino y dejar enfriar a temperatura ambiente. Repartir la salsa entre platos pequeños y servir con sashimi de atún. **Rinde 2**

Si el atún ya viene cortado en un bloque, se pueden hacer los cortes para el sashimi. En caso contrario, quizá sea necesario comprar un filete más grande y cortarlo en casa.

SASHIMI DE HUACHINANGO *(TAI)*

Ingredientes

1 huachinango mediano, de 1½ kg aproximadamente

Zanahoria rallada, para decorar

Endibia, para decorar

Preparación

1 Limpiar y cortar en filetes el huachinango según se describe en la página 5.

2 Cortar los filetes en cortes planos o delgados siguiendo las indicaciones de la página 71.

3 En un plato acomodar la zanahoria rallada y la endibia. **Rinde 2**

El huachinango es uno de los pescados más usados en nuestra cocina y también lo es cada vez más para preparar sashimi en varios restaurantes japoneses. Su carne es blanca y firme y su sabor es ligeramente dulce.

SASHIMI DE LENGUADO *(HAMACHI)*

Ingredientes

3 lenguados

4 cebollas de cambray, picadas

1 trozo de jengibre de 2cm, rallado

Rábano daikon, rallado para decorar (ver página 59)

Preparación

1 Limpiar y filetear el lenguado siguiendo las instrucciones de la página 5. Asegurarse de quitar bien la piel y las espinas.

2 Cortar los filetes en tiras como se describe en la página 71.

3 Mezclar el lenguado, las cebollas y el jengibre, dejar reposar durante 30 minutos para que los sabores se asienten. Servir con el daikon. **Rinde 2**

El lenguado es un pescado muy popular para el sashimi. Por lo general, los filetes son un poco secos y aceitosos. Algunos chefs sugieren que se corte la carne más oscura del centro, que contiene un sabor muy fuerte, y que se use la carne de color más claro.

SASHIMI DE SALMÓN *(SAKE)*

Ingredientes

300g de filetes de salmón

Rábano daikon, rallado para decorar (ver página 59)

Preparación

1 Si el salmón está entero, limpiarlo y cortarlo como se describe en la página 5.

2 Cortar y desechar la carne o la piel que esté de color oscuro o grasa.

3 Cortar los filetes en bloques y hacer cortes planos como se indica en la página 71.

4 Acomodar los cortes y el rábano en platos para servir. **Rinde 2**

TEMPURA DE CAMARONES

Ingredientes

6 camarones grandes, crudos

1 tanto de masa para tempura (ver página 70)

½ taza de harina común

Aceite vegetal para freír

Salsa tempura

½ taza de salsa de soya

½ taza de dashi (caldo de pescado)

½ taza de mirin (ver página 59)

Preparación

1 Quitar la piel y la vena de los camarones, hacer 4 incisiones por la parte inferior para evitar que se curven.

2 Preparar la masa para tempura siguiendo las instrucciones de la página 70. Precalentar el aceite a 200°C.

3 Cubrir cada camarón con harina y sumergirlo en la masa, moverlo para que se cubra bien, sumergirlo en el aceite caliente. Freír en tandas de 3 camarones.

4 Freír hasta que doren. Retirar del aceite y dejar escurrir, servir con salsa tempura y wasabi o limón.

Salsa tempura

1 En una cacerola mezclar la salsa de soya, el dashi y el mirin, hervir durante 20 minutos a fuego lento. Dejar enfriar. Es mejor si se sirve fría. **Rinde 2**

Usar una cuchara coladora para que el aceite se mantenga limpio.

cocina selecta

para preparar al aire libre

PASTELITOS DE CAMARONES THAI

Ingredientes

- 500g de camarones crudos, sin vena
- 1 cebolla de cambray, picada
- 1 racimo de limoncillo, finamente rebanado
- 2 hojas de lima, remojadas en agua hirviendo durante 15 minutos, finamente picadas
- 1 clara de huevo
- 1 cucharada de salsa de pescado
- 1 cucharada de jugo de limón verde, fresco
- 1 cucharadita de salsa de chile dulce
- ½ taza de pan molido, hecho de pan seco
- ¼ taza de menta, picada
- ¼ taza de cilantro, picado

Salsa de cilantro

- ¼ taza de cilantro, picado
- 1 cebolla de cambray, finamente picada
- 1 diente de ajo, machacado
- 1 cucharadita de azúcar morena
- ½ taza de vinagre de arroz o de jerez
- 2 cucharaditas de salsa de soya
- ½ cucharadita de salsa de chile, opcional

Preparación

1. En un procesador de alimentos colocar los camarones, procesar con el botón de pulso para picar grueso. Añadir las cebollas, el limoncillo, las hojas de lima, la clara de huevo, la salsa de pescado, el jugo de limón y la salsa de chile. Con el botón de pulso procesar hasta que se mezcle. Pasar a un tazón. Incorporar el pan molido, la menta y el cilantro.
2. Con la mezcla de los camarones formar pastelitos de 5cm de diámetro. Colocar en un platón forrado con plástico o encajar de 2 a 3 pastelitos en una ramita de limoncillo. Tapar y refrigerar durante 30 minutos o hasta que los pastelillos estén firmes.
3. Precalentar la parrilla a temperatura media. Colocar los pastelillos y asar de 2 a 3 minutos por lado o hasta que tomen un ligero color café. De manera alternativa, calentar una sartén de teflón a fuego medio, barnizar ligeramente con aceite y freír.
4. Para hacer la salsa, en un tazón colocar el cilantro, la cebolla de cambray, el ajo, el azúcar, el vinagre, la salsa de soya y la salsa de chile, revolver para mezclar. Servir con los pastelitos de camarón. **Porciones 4**

CAMARONES MARINADOS A LA PARRILLA

Ingredientes

- 1kg de camarones medianos crudos, pelados y sin vena, con colas

Marinada de chile con hierbas

- 2 chiles rojos frescos, picados
- 2 dientes de ajo, machacados
- 4 ramitas de orégano, hojas aparte finamente picadas
- ¼ taza de perejil fresco, picado
- ½ taza de aceite de oliva
- 2 cucharadas de vinagre balsámico
- Pimienta negra recién molida

Preparación

1. Precalentar la parrilla a intensidad media.
2. Para hacer la marinada, en un tazón colocar los chiles, el ajo, el orégano, el perejil, el aceite, el vinagre y la pimienta negra, mezclar para incorporar. Añadir los camarones, revolver para bañarlos y dejar marinar durante 10 minutos.
3. Colar los camarones y asar ligeramente en la parrilla engrasada de 1 a 2 minutos por lado o hasta que cambien de color. **Porciones 8**

PASTELITOS DE CAMARONES THAI

CAMARONES CON MIEL Y CHILE

Ingredientes

¼ taza de vino tinto
½ taza de miel
¼ cucharadita de chile molido
1 cucharadita de mostaza en polvo
500g de langostinos crudos, pelados y sin vena, con colas

Preparación

1 Mezclar todos los ingredientes, excepto los camarones, para hacer la marinada.

2 En un recipiente de vidrio colocar los camarones y cubrir con suficiente marinada. Tapar y refrigerar durante 1 hora. Remojar las brochetas en agua durante 30 minutos.

3 Encajar los camarones en las brochetas, por un costado o a lo largo. Precalentar la parrilla a intensidad media-alta. Asar los camarones de 4 a 5 minutos por lado hasta que tomen color rosa, barnizar con la marinada durante la cocción. Pasar a un tazón y servir de inmediato. **Porciones 4**

CAMARONES CON CHILE A LA PARRILLA

Ingredientes

1kg de camarones medianos, crudos, sin pelar
250g de papaya, en cubos
¼ taza de menta, picada
1 limón verde, en rodajas

Marinada de naranja

2 cucharadas de polvo de chile
8 ramitas de orégano, sin hojas y picadas
2 dientes de ajo, machacados
Ralladura de 1 naranja
Ralladura de 1 limón verde
¼ taza de jugo de naranja
¼ taza de jugo de limón verde

Preparación

1 Para hacer la marinada, en un tazón colocar el chile en polvo, el orégano, el ajo, la ralladura de naranja y la de limón, y el jugo de naranja y el de limón, mezclar para incorporar. Añadir los camarones, bañarlos con la marinada y refrigerar durante 1 hora.

2 Colar los camarones, en la parrilla precalentada asarlos durante 1 minuto por lado o hasta que cambien de color.

3 En un tazón colocar la papaya y la menta, revolver. Para servir colocar los camarones en platos, colocar encima la mezcla de la papaya y decorar con rodajas de limón. **Porciones 4**

CAMARONES VIETNAMITAS

Ingredientes

500g de camarones grandes, crudos
200g de arroz vermicelli
2 cucharaditas de aceite vegetal
6 cebollas de cambray, picadas
½ taza de cacahuates, tostados
½ racimo de hojas de cilantro, picadas

Salsa Nuoc cham
2 dientes de ajo
2 chiles rojos, secos
5 cucharaditas de azúcar
Jugo y pulpa de 1½ limón verde
4 cucharadas de salsa de pescado

Preparación

1 Para hacer la salsa, en un mortero colocar el ajo, los chiles y el azúcar, machacar. Añadir el jugo y la pulpa de limón, después la salsa de pescado y 5 cucharadas de agua, mezclar bien para combinar.

2 Hacer un corte en los camarones, retirar la vena, lavar y secar con papel absorbente de cocina. Asar los camarones al carbón durante 5 minutos, voltear una vez.

3 En una cacerola con agua hirviendo añadir el arroz y dejar durante 2 minutos. Colar y enjuagar bajo el chorro de agua fría.

4 En una sartén o wok calentar el aceite, añadir las cebollas y saltear hasta que estén suaves. Repartir el arroz en platos para servir calientes, colocar los camarones encima, espolvorear las cebollas y los cacahuates. Verter la salsa y decorar con el cilantro picado. **Porciones 4**

CAMARONES CON AJONJOLÍ

Ingredientes

1kg de langostinos medianos-grandes
¼ taza de aceite de oliva
¼ taza de vino tinto
4 chalotes (parecido al ajo, pero con dientes más grandes), finamente picados

Ralladura de 1 limón amarillo
½ cucharadita de pimienta negra, molida
100g de semillas de ajonjolí, tostadas

Preparación

1 Remojar 12 brochetas de bambú en agua durante 30 minutos. Pelar los langostinos y quitarles la vena, dejar las colas.

2 En un tazón mezclar el aceite, el vino, los chalotes, la ralladura de limón y la pimienta, mezclar bien.

3 Insertar los langostinos en las brochetas, aproximadamente 3 en cada una. Colocar las brochetas en un platón, verter la marinada. Dejar marinar durante 1 hora por lo menos.

4 Revolcar los camarones en las semillas de ajonjolí, presionar para que se adhieran. Refrigerar durante 30 minutos antes de asar.

5 En la parrilla caliente asar durante 2 minutos por lado. Barnizar con la marinada durante la cocción. **Porciones 8**

BROCHETAS DE CALLO DE HACHA Y CAMARONES

Ingredientes

225g de cebollas en escabeche
6 tiras de tocino
500g de langostinos, crudos, pelados y sin vena, con colas
400g de callos de hacha
2 cucharadas de aceite de oliva
50g de mantequilla
½ racimo pequeño de eneldo, picado
¼ taza de perejil, picado
2 cebollas de cambray, finamente picadas
2 dientes de ajo, machacados
Pimienta negra recién molida
2 cucharadas de jugo de limón amarillo
Ralladura de 1 limón amarillo

Preparación

1 Remojar 12 brochetas de bambú en agua durante 30 minutos. Dar un hervor a las cebollas hasta que estén casi tiernas, enjuagar y colar bajo el chorro de agua fría. Separar las rebanadas de tocino y cortar cada tira en 3, enrollar cada trozo.

2 Insertar los langostinos, los callos de hacha y el tocino en las brochetas, insertar una cebolla al final de cada una.

3 En un plato mezclar el aceite, la mantequilla, el eneldo, el perejil, las cebollas de cambray, el ajo, la pimienta, el jugo y la ralladura de limón. Añadir las brochetas de mariscos y marinar durante 1 hora por lo menos.

4 Retirar las brochetas de la marinada y asar en una parrilla precalentada hasta que estén suaves, barnizar ocasionalmente con la marinada. **Porciones 6**

PAELLA DE MARISCOS

Ingredientes

1 cucharada de aceite de oliva
2 cebollas, picadas
2 dientes de ajo, machacados
2 ramitas de tomillo, sin hojas y sin tallos
Ralladura de 1 limón amarillo
4 jitomates Saladet maduros, picados
2½ tazas de arroz blanco de grano corto
1 pizca de hilos de azafrán, remojados en 2 tazas de agua
5 tazas de caldo de pollo o de pescado
300g de chícharos frescos o congelados
1kg de mejillones, frotados, sin barba
500g de filetes de pescado blanco, picados
300g de camarones crudos, pelados
225g de callo de hacha
3 tubos de calamar, rebanados
¼ taza de perejil, picado

Preparación

1 Precalentar la parrilla a intensidad media. Sobre la parrilla colocar una sartén para paella, añadir aceite y calentar. Añadir las cebollas, el ajo, el tomillo y la ralladura de limón, freír durante 3 minutos o hasta que la cebolla se suavice.

2 Añadir los jitomates y freír revolviendo durante 4 minutos. Agregar el arroz y freír, revolviendo, durante 4 minutos más o hasta que el arroz esté transparente. Verter la mezcla del azafrán y el caldo, dejar que suelte el hervor. Cocinar a fuego lento, mover ocasionalmente, durante 30 minutos o hasta que el arroz haya absorbido casi todo el líquido.

3 Incorporar los chícharos, el pimiento rojo y los mejillones, cocer durante 2 minutos. Agregar el pescado, los camarones y los callos de hacha, seguir revolviendo de 2 a 3 minutos. Añadir los calamares y el perejil, seguir revolviendo de 1 a 2 minutos más o hasta que los mariscos estén cocidos. **Porciones 8**

FILETES DE SALMÓN CON SALSA DE PIÑA

Ingredientes

4 filetes de salmón, de 2.5cm de grueso
1 limón amarillo, cortado en 4 gajos

Salsa de piña

225g de piña de lata, picada grueso
2 cebollas de cambray, finamente picadas
1 chile fresco, sin semillas, finamente picado
1 cucharada de jugo de limón amarillo
¼ taza de menta, finamente picada

Preparación

1 Precalentar la parrilla a intensidad media y engrasar ligeramente. Asar los filetes de salmón de 3 a 5 minutos por lado o hasta que la carne se desmenuce al picarla con un tenedor.

2 Para hacer la salsa, en un procesador de alimentos colocar la piña, las cebollas de cambray, el chile, el jugo de limón y la menta, mezclar. Servir a temperatura ambiente con los filetes de salmón, los gajos de limón y los espárragos al vapor. **Porciones 4**

Esta salsa se puede usar con cualquier pescado o con pollo a la parrilla.

BACALAO CON ALIOLI DE ALBAHACA

Ingredientes

- 1 diente de ajo, machacado
- 2 cucharadas de aceite de oliva
- 1 cucharada de jugo de limón amarillo
- 4 filetes de bacalao

Alioli de albahaca

- 1 taza de hojas de albahaca
- ½ taza de aceite de oliva
- 1 diente de ajo, machacado
- 2 yemas de huevo
- 3 cucharaditas de jugo de limón amarillo

Preparación

1. En un plato mezclar el ajo, el aceite de oliva y el jugo de limón, incorporar los filetes y marinar durante 1 hora.
2. En un procesador de alimentos colocar la albahaca, 1 cucharada de aceite, el ajo, las yemas de huevo y el jugo de limón. Procesar hasta que la mezcla esté bien incorporada. Sin apagar el motor agregar el resto del aceite en un hilo delgado y constante, procesar hasta que espese. Agregar 1 cucharada de agua si se desea más diluido.
3. Engrasar la parrilla y freír el pescado durante 3 minutos por lado.
4. Servir de inmediato con el alioli de albahaca. **Porciones 4**

SARDINAS CON PIMIENTO ASADO

Ingredientes

2 cucharadas de aceite de oliva

16 filetes de sardina

1 cucharada de jugo de limón amarillo

200g de espinacas baby o rúcula, cortadas

2 pimientos rojos, asados y en rebanadas finas

Aderezo

¼ taza de aceite de oliva extra virgen

2 cucharadas de jugo de limón amarillo

4 ramitas de orégano, sin hojas y picadas

Sal y pimienta negra recién molida

Preparación

1 Engrasar ligeramente una parrilla y calentar. Barnizar un poco las sardinas con aceite, colocarlas en la parrilla y freír de 1 a 2 minutos por lado. Reservar en un plato, bañar con jugo de limón.

2 Para hacer el aderezo, mezclar el aceite de oliva, el jugo de limón, el orégano, sal y pimienta, hasta que se incorpore bien.

3 En 4 platos individuales repartir la espinaca o la rúcula, las rebanadas de pimiento y las 4 sardinas, bañar con el aderezo. Servir de inmediato. **Porciones 4**

BROCHETAS CON SALSA DE JITOMATE

Ingredientes

750g de pescado blanco, en cubos

¼ taza de jugo de limón verde

Pimienta negra recién molida

6 tortillas de maíz o de harina, calientes

¼ taza de cilantro, picado

2 limones verdes, en gajos

Salsa de tomate, aceitunas y alcaparras

1 cucharada de aceite de oliva

1 cebolla, finamente picada

1 diente de ajo, machacado

4 jitomates Saladet maduros, picados

80g de aceitunas verdes

2 chiles jalapeños, picados

2 cucharadas de alcaparras, coladas

¼ taza de perejil, picado

Pimienta negra recién molida

Preparación

1 Insertar el pescado en 6 brochetas ligeramente engrasadas, barnizar con el jugo de limón y sazonar con pimienta negra. Reservar.

2 Para hacer la salsa, en una sartén calentar el aceite a fuego medio, añadir la cebolla y el ajo y freír revolviendo durante 2 minutos o hasta que la cebolla se suavice. Agregar los jitomates, las aceitunas, los chiles, las alcaparras y el perejil, freír revolviendo durante 5 minutos más o hasta que la salsa esté caliente. Sazonar con pimienta negra al gusto.

3 En una parrilla precalentada asar las brochetas durante 1 minuto por lado o hasta que estén suaves. Para servir, repartir las brochetas en las tortillas, verter la salsa, esparcir el cilantro y acompañar con los gajos de limón. **Porciones 6**

KEBABS DE PEZ ESPADA CON SALSA DE TOMATE

Ingredientes

3 cucharadas de aceite de oliva
1 cebolla pequeña, finamente picada
2 dientes de ajo, machacados
800g de tomates rojos de lata, colados
½ cucharadita de azúcar
½ cucharadita de sal
Pimienta negra recién molida
½ taza de albahaca fresca, troceada
750g de pez espada, cortado en cubos grandes
1 pimiento verde, sin semillas, cortado en cubos grandes
1 berenjena mediana, cortada en cubos grandes
6 ramitas de romero completas, más 4 ramitas picadas
1 limón amarillo, cortado en 4 gajos

Preparación

1. Remojar en agua 8 brochetas de bambú durante 30 minutos. Para hacer la salsa, en una sartén grande calentar 1 cucharada de aceite, saltear la cebolla y el ajo a fuego lento hasta que la cebolla esté transparente. Añadir los tomates, el azúcar, la sal y la pimienta. Hervir a fuego lento durante 20 minutos. Agregar la albahaca y mantener caliente.
2. Insertar el pez espada, el pimiento verde y la berenjena en las brochetas, alternando con las ramitas de romero. Barnizar con el resto del aceite de oliva, espolvorear con el romero picado y sazonar con sal y pimienta.
3. Precalentar la parrilla a fuego moderado. Asar los kebabs volteando para dorar los lados. Bañar con un poco de salsa. El pez espada debe estar dorado y las verduras un poco quemadas. Servir con la salsa de tomate y un gajo de limón. **Porciones 4**

KEBABS DE PEZ ESPADA Y PIÑA

Ingredientes

750g de filetes de pez espada, en cubos grandes

½ piña fresca, en cubos grandes

1 pimiento verde, en cubos grandes

Marinada de menta fresca

½ taza de menta, picada

2 cucharaditas de salsa de menta

½ taza de vino blanco

Jugo de ½ limón verde o amarillo

2 cucharadas de vinagre de vino tinto

1 cucharadita de aceite de oliva

Pimienta negra recién molida

Preparación

1 Remojar en agua 12 brochetas de bambú durante 30 minutos. Insertar el pez espada, la piña y el pimiento verde de manera alternada en las brochetas. Colocar en un platón de vidrio o de cerámica.

2 Para hacer la marinada, en una jarra con tapa de rosca colocar la menta, la salsa de menta, el vino, el jugo de limón, el vinagre, el aceite y la pimienta negra. Agitar para mezclar bien, verter sobre las brochetas. Tapar y marinar en el refrigerador durante 15 minutos.

3 Precalentar la parrilla y barnizar ligeramente con aceite los kebabs. Asar en la parrilla de 3 a 5 minutos por lado o hasta que el pescado se desmenuce cuando se pruebe con un tenedor. **Porciones 12**

cocina selecta

sabores exóticos

LANGOSTINOS CON COCO Y AJONJOLÍ EN SALSA DE MANGO

Ingredientes

12 langostinos crudos, pelados, con cola

Sal y pimienta negra recién molida

½ taza de harina común

1 huevo, batido

1 taza de semillas de ajonjolí

1 taza de coco seco

2 cucharadas de aceite de oliva

50g de hojas para ensalada

Salsa de mango

1 mango, pelado, picado

½ cebolla morada, finamente picada

¼ taza de cilantro, picado

Jugo de 1 limón verde

Sal y pimienta negra recién molida

Preparación

1 Abrir los camarones en mariposa, espolvorear con sal, pimienta y harina. Sumergir en el huevo, escurrir el exceso, cubrir en una mezcla de semillas de ajonjolí y coco. Reservar.

2 Para hacer la salsa, en un tazón mezclar el mango, la cebolla, el cilantro y el jugo de limón, sazonar al gusto.

3 En una sartén calentar el aceite, añadir los camarones y freír a fuego alto de 1 a 2 minutos por lado hasta que estén dorados.

4 Para servir, repartir las hojas para ensalada en los platos, colocar 3 camarones cocidos y una cucharada generosa de salsa de mango. **Porciones 4**

TOSTADITAS DE CAMARONES

Ingredientes

Aceite vegetal para freír

8 tortillas de maíz

½ aguacate, picado

¼ taza de menta, rallada

Camarones con verduras

1 elote dulce

1 pimiento rojo, cortado en cuartos

1 pimiento amarillo, cortado en cuartos

2 cucharaditas de aceite vegetal

1 cebolla morada, cortada en rodajas

370g de camarones medianos, crudos, sin piel y sin vena

4 chiles verdes frescos, cortados en tiras

1 cucharada de jugo de limón verde

Preparación

1 Para hacer el acompañamiento, en una parrilla precalentada colocar el elote y los pimientos y asar hasta que estén un poco quemados. Desgranar el elote y reservar los granos. Cortar los pimientos en tiras y reservar.

2 En una sartén a fuego medio calentar el aceite, añadir la cebolla y freír durante 4 minutos o hasta que esté dorada. Agregar los camarones, los chiles y el jugo de limón, freír durante 2 minutos más o hasta que los camarones cambien de color. Añadir los granos de elote y los pimientos, mezclar y reservar.

3 En una sartén a fuego medio calentar 2.5cm de aceite hasta que un cubito de pan se dore en 50 segundos. Freír las tortillas, una por una, hasta que estén crujientes. Escurrir en papel absorbente.

4 Para servir, colocar el acompañamiento sobre las tortillas, esparcir el aguacate y la menta. Servir de inmediato. **Porciones 4**

LANGOSTINOS CON COCO Y AJONJOLÍ EN SALSA DE MANGO

CREPAS VIETNAMITAS

Ingredientes

250g de harina de arroz
1 cucharadita de sal
1½ cucharaditas de azúcar
1 taza de leche de coco
⅓ cucharadita de comino molido
200g de langostinos crudos, pelados
200g de germen de soya
1 cucharada de aceite de cacahuate
100g de filetes de cerdo o de pollo, cortados en cubos
1 cebolla, rebanada
½ taza de hojas de menta

Aderezo

3 cucharadas de salsa de pescado
5 cucharadas de azúcar
1 chile rojo pequeño, picado
1 diente de ajo, picado
50g de hojas de lechuga iceberg

Preparación

1. Para preparar la masa, mezclar la harina de arroz, la sal, el azúcar, la leche de coco, 1 taza de agua y el comino hasta que la mezcla esté suave. Lavar y secar los camarones, picar grueso. Lavar el germen de soya y reservar.
2. En una sartén grande caliente añadir un poco de aceite. Agregar la carne de cerdo o el pollo, la cebolla y los camarones, freír revolviendo constantemente hasta que los camarones cambien de color y el cerdo o pollo esté bien cocido.
3. Verter suficiente masa para cubrir, colocar encima un poco de germen de soya y tapar. Cocer durante 2 minutos hasta que esté crujiente. Voltear para cocer del otro lado hasta que dore, cortar en tiras.
4. Mezclar los ingredientes del aderezo con 2 cucharadas de agua. Para servir, colocar una hoja de menta sobre una pieza de crepa. Envolver en una hoja de lechuga y bañar con aderezo. Comer de inmediato. Porciones 6

FRITO DE CAMARONES CON TAMARINDO

Ingredientes

2 cucharadas de pulpa de tamarindo
2 cucharadas de aceite vegetal
3 tallos de limoncillo, magullados
2 chiles rojos frescos, picados
500g de camarones medianos, crudos, pelados, sin vena, con colas
2 mangos verdes, pelados, cortados en rebanadas finas
½ taza de hojas de cilantro, picadas
2 cucharadas de azúcar morena
2 cucharadas de jugo de limón verde
Ralladura de ½ limón amarillo

Preparación

1. En un tazón colocar la pulpa de tamarindo y ½ taza de agua, dejar reposar durante 20 minutos. Colar, reservar el líquido, desechar los sólidos.
2. En una sartén o wok calentar el aceite a fuego algo, añadir el limoncillo y los chiles, saltear revolviendo durante 1 minuto. Agregar los camarones y saltear revolviendo durante 2 minutos más o hasta que cambien de color.
3. Añadir el mango, el cilantro, el azúcar, el jugo de limón y el líquido del tamarindo, seguir revolviendo durante 5 minutos o hasta que los camarones estén cocidos. Retirar el limoncillo, servir decorado con la ralladura de limón. Porciones 4

CEVICHE DE CAMARONES

Ingredientes

¾ taza de jugo de limón verde
¾ taza de jugo de limón amarillo
½ taza de naranja
1 chile fresco, cortado en tiras
1 diente de ajo, machacado
1 cucharadita de azúcar morena
500g de camarones medianos crudos, pelados, sin vena
1 pimiento rojo, cortado en tiras
½ cebolla morada pequeña, cortada en tiras
¼ taza de cilantro fresco, picado
2 jitomates Saladet maduros, sin semillas, picados
Sal y pimienta negra recién molida
1 limón verde, rebanado

Preparación

1 En un tazón combinar los jugos cítricos, el chile, el ajo y el azúcar. Agregar los camarones y marinar durante 6 horas mínimo o desde la noche anterior. La marinada "cuece en frío" los camarones, los cuales deben perder su apariencia translúcida.

2 Retirar los camarones de la marinada y mezclar con el resto de los ingredientes, sazonar con sal y pimienta negra recién molida. Servir con las rebanadas de limón. **Porciones 4**

CURRY DE CAMARONES Y PIÑA

Ingredientes

1 ramita de limoncillo, finamente rebanada
5 cebollas de cambray, recortadas
3 dientes de ajo
4 chiles rojos frescos, en mitades, sin semillas
1 cucharadita de cúrcuma, molida (condimento parecido al azafrán y al jengibre)
½ taza de cilantro, picada
6 cucharadas de aceite vegetal
½ cucharadita de pasta de camarón
1 lata de leche de coco
500g de langostinos, crudos, pelados, sin vena
450g de piña rebanada, colada y picada
Sal

Preparación

1 En una licuadora o procesador de alimentos moler el limoncillo, las cebollas de cambray, el ajo, los chiles, la cúrcuma y el cilantro.

2 En un wok calentar el aceite y añadir la mezcla de la cebolla de cambray. Cocinar durante 1 minuto, incorporar la pasta de camarón con la parte ligera de la leche de coco. Cuando la mezcla burbujee añadir los camarones y el resto de la leche de coco.

3 Dejar calentar durante unos minutos, añadir los trozos de piña, sazonar y hervir a fuego lento durante 10 minutos. Servir con arroz hervido. **Porciones 4**

PAD THAI

Ingredientes

- 350g de fideos de arroz, frescos o secos
- 2 cucharaditas de aceite vegetal
- 4 chalotes (parecido al ajo, pero con dientes más grandes), picados
- 3 chiles rojos frescos, picados
- 1 pieza de jengibre fresco de 8cm, rallado
- 250g de filetes de pechuga de pollo, picados
- 250g de camarones medianos crudos, pelados, sin vena
- 50g de cacahuates tostados, picados
- 1 cucharada de azúcar
- 4 cucharadas de jugo de limón verde
- 3 cucharadas de salsa de pescado
- 2 cucharadas de salsa de soya
- 120g de tofu, picado (ver página 59)
- 50g de germen de soya
- ½ taza de hojas de cilantro
- ½ taza de hojas de menta
- 1 limón verde, en gajos

Preparación

1. En un tazón colocar los fideos y cubrirlos con agua hirviendo. Los fideos frescos se deben remojar durante 2 minutos, los secos de 5 a 6 minutos o hasta que estén suaves. Colar y reservar.
2. En una cacerola o wok a fuego alto calentar el aceite, añadir los chalotes, el chile y el jengibre, freír revolviendo durante 1 minuto. Añadir el pollo y los camarones, freír revolviendo durante 4 minutos más o hasta que estén cocidos.
3. Agregar los fideos, los cacahuates, el azúcar, el jugo de limón, la salsa de soya, la salsa de pescado y freír revolviendo durante 4 minutos o hasta que se caliente. Incorporar el tofu, el germen de soya, el cilantro y la menta, cocinar de 1 a 2 minutos. Servir decorado con los gajos de limón. **Porciones 4**

TORTITAS DE LANGOSTINO CON CAMOTE

Ingredientes

500g de langostinos, pelados y sin vena

2 cucharadas de aceite de cacahuate

Marinada

2 cebollas de cambray, finamente picadas

1 ramita de limoncillo, machacada

1 trozo de jengibre de 4cm, picada

½ racimo de cilantro fresco, finamente picado

1 cucharadita de salsa de pescado

1 cucharada de salsa de chile dulce

Masa

300g de camote

½ cucharadita de cúrcuma (condimento parecido al azafrán y al jengibre), molida

1 taza de leche de coco

½ taza de harina con royal

½ taza de harina de arroz

1 cucharada de polenta (puré de sémola de maíz italiano)

Preparación

1 Picar los camarones en trozos grandes y mezclar con las cebollas de cambray, el limoncillo, el jengibre, el cilantro, la salsa de pescado y la salsa de chile dulce. Dejar marinar durante 1 hora.

2 Para hacer la masa, rallar el camote. En un tazón aparte mezclar la cúrcuma, la leche de coco, ½ taza de agua, la harina con royal, la harina de arroz y la polenta. Batir bien para incorporar, añadir el camote rallado y reservar hasta que los camarones estén listos. Retirar el limoncillo, añadir la mezcla de los camarones a la masa y mezclar bien.

3 En una sartén de teflón para servir calentar el aceite de cacahuate, verter cucharadas de la masa al sartén. Freír a fuego medio-alto durante 3 minutos por lado, o hasta que el lado inferior esté crujiente y dorado. Voltear y freír por el otro lado.

4 Una vez fritas retirar las tortitas de la sartén. Dejar enfriar en una rejilla o servir de inmediato con gajos de limón verde. Para recalentar, colocar la rejilla para horno en el horno precalentado a 200°C de 5 a 10 minutos. **Porciones 4**

PARQUEE DE MEJILLONES

Ingredientes

24 mejillones grandes frescos

1 cebolla morada, finamente picada

1 chile rojo, finamente picado

⅓ taza de vinagre de vino tinto añejo

¼ taza de vino de Oporto

Sal y pimienta negra recién molida

1 limón amarillo, en gajos

Preparación

1 Con un cuchillo pequeño abrir los mejillones crudos siguiendo las indicaciones de la página 6.

2 Mezclar el resto de los ingredientes y reservar.

3 Acomodar los mejillones en un platón para servir, colocar la mezcla de la cebolla encima de cada mejillón. Marinar durante 5 minutos y servir muy frío con los gajos de limón. **Porciones 4**

MEJILLONES CON VINAGRE DE COCO

Ingredientes

1½ kg de mejillones en su concha
6 ramitas de cilantro, picadas grueso
3 tallos de limoncillo fresco, machacados
1 trozo de jengibre fresco de 5cm, rallado
1 cucharada de aceite vegetal
1 cebolla morada, en mitades, rebanada
2 chiles rojos frescos, rebanados
2 cucharadas de vinagre de coco

Preparación

1. En un wok a fuego alto colocar los mejillones, el cilantro, el limoncillo, el jengibre y ½ taza de agua. Tapar y cocer durante 5 minutos o hasta que los mejillones se abran. Desechar los mejillones que sigan cerrados después de 5 minutos de cocción. Retirar los mejillones del wok, retirar el cilantro, el limoncillo y el jengibre. Colar el líquido de cocción y reservar.
2. En una sartén calentar el aceite a fuego medio, añadir la cebolla y los chiles, freír revolviendo durante 3 minutos o hasta que la cebolla esté suave. Añadir los mejillones, el liquido de cocción reservado y el vinagre de coco, seguir revolviendo durante 2 minutos más o hasta que los mejillones estén calientes. Esparcir el cilantro extra y servir. **Porciones 4**

MEJILLONES AL CURRY

Ingredientes

2 cucharadas de aceite de oliva
1 cebolla pequeña, picada
1 tallo de apio, rebanado
1 diente de ajo, picado
2 cucharadas de pasta de curry amarillo
2 vainas de cardamomo (semillas aromáticas de sabor intenso, algo cítrico y dulce), trituradas
Pizca de comino molido
1kg de mejillones, limpios
¼ taza de crema de coco
¼ taza de cilantro, picado
1 chile rojo, picado, opcional

Preparación

1 En una sartén colocar el aceite, la cebolla, el apio, el ajo, la pasta de curry, el cardamomo y el comino, cocinar a fuego lento durante 5 minutos, revolviendo frecuentemente.

2 Añadir los mejillones y la crema de coco, aumentar a fuego alto. Cocer hasta que los mejillones se abran, y revolver frecuentemente para que se cuezan de manera uniforme. Desechar los que sigan cerrados con la cocción.

3 Añadir el cilantro, revolver y servir. Agregar chile picado para un curry picoso. **Porciones 4**

MEJILLONES MARINADOS ESTILO ESPAÑOL

Ingredientes

1kg de mejillones, limpios
1 cebolla pequeña, rebanada
1 tallo de apio, rebanado
1 diente de ajo, picado
¼ taza de vino blanco
Sal y pimienta negra recién molida
15g de mantequilla
¼ taza de perejil, picado
1 huevo duro, sólo la clara finamente picada
2 cucharadas de alcaparras baby
8 ramitas de romero, tomillo o mejorana, sin hojas y picadas
2 jitomates Saladet, finamente picados
½ taza de aceite de oliva extra virgen
1 cucharada de mostaza de Dijon
1½ cucharadas de vinagre de jerez
¼ taza de albahaca fresca, picada grueso

Preparación

1 En una cacerola colocar los mejillones con la cebolla, el apio, el ajo y el vino blanco. Cocer hasta que los mejillones se abran, revolver frecuentemente para que se cuezan de manera uniforme.

2 Sazonar con pimienta, añadir la mantequilla y el perejil, revolver. Sacar los mejillones de sus conchas, reservar las conchas.

3 Mezclar los mejillones con el resto de los ingredientes, sazonar con sal y pimienta, marinar en el refrigerador durante 2 horas.

4 Antes de servir, colocar los mejillones en sus conchas. Servir con ensalada o como aperitivo. **Porciones 4**

MEJILLONES AL CURRY

LAKSA

Ingredientes

- 2 cucharadas de aceite vegetal o de cacahuate
- 1 cebolla, finamente picada
- 3 dientes de ajo, machacados
- 1 cucharada de pasta laksa (condimento típico de Malasia y Singapur)
- 1¾ tazas de caldo de pollo
- 1 ramita de limoncillo, machacada
- 1kg de mejillones, limpios
- 150g de fideos de arroz
- 1 hoja de lima kaffir, finamente picada (proporcionan un sabor cítrico potente y floral, son muy usadas en la cocina tailandesa)

Preparación

1. En una cacerola grande a fuego medio colocar el aceite, la cebolla y la pasta laksa, cocinar de 3 a 5 minutos.
2. Añadir el caldo de pollo, el limoncillo y los mejillones, cocer hasta que los mejillones se hayan abierto. Retirar el limoncillo y los mejillones que no se abran. **Porciones 4**

MEJILLONES TIN TIN

Ingredientes

- ¼ taza de vino blanco
- 1 chile rojo, rebanado
- 1 ramita de limoncillo, machacada
- 1 trozo de jengibre de 4cm, picado
- 1 diente de ajo, picado
- 1kg de mejillones, limpios
- 1 cucharada de aceite de cacahuate
- ½ taza de crema de coco
- ¼ taza de cilantro, picado

Preparación

1. En un recipiente colocar el vino blanco, el chile, el limoncillo, el jengibre y el ajo, dejar que se impregnen los sabores.
2. En una cacerola con aceite colocar los mejillones y la mezcla de vino blanco.
3. Agregar la crema de coco y cocinar hasta que los mejillones se abran, revolver frecuentemente. Desechar el limoncillo y los mejillones que no se hayan abierto. Incorporar el cilantro y servir. **Porciones 4**

MARISCOS CON LIMONCILLO

Ingredientes

5 chalotes (parecidos al ajo, pero con dientes más grandes), picados

4 tallos de limoncillo fresco, machacados, cortados en piezas de 3cm

3 dientes de ajo, picados

1 trozo de jengibre de 5cm, rallado

3 chiles frescos, sin semillas, picados

8 hojas de lima kaffir (proporcionan un sabor cítrico potente y floral, son muy usados en la cocina tailandesa), en trozos

750g de mejillones, tallados

12 callos de hacha en su concha, limpios

1 cucharada de jugo de limón verde

1 cucharada de salsa de pescado

½ taza de hojas de albahaca fresca

Preparación

1 En un tazón colocar los chalotes, el limoncillo, el ajo, el jengibre, los chiles y las hojas de lima, mezclar para combinar.

2 En un wok colocar los mejillones y espolvorear la mitad de la mezcla de los chalotes. Verter ¼ de taza de agua, tapar y cocer a fuego alto durante 5 minutos.

3 Añadir los callos de hacha, el resto de la mezcla de los chalotes, el jugo de limón, la salsa de pescado y la albahaca, revolver bien. Tapar y cocer de 4 a 5 minutos o hasta que los callos y los mejillones estén cocidos. Desechar los mejillones que no abran después de 5 minutos de cocción. Servir de inmediato. **Porciones 4**

CURRY GOAN CON ALMEJAS PIPI Y RAITA

Ingredientes

1 cucharadita de aceite

1 cebolla, finamente rebanada

2 dientes de ajo, machacados

1 cucharada de comino molido

1 cucharada de cúrcuma (condimento parecido al azafrán y al jengibre), molida

2 cucharadas de polvo de curry

1 cucharada de jengibre molid

2 vainas de cardamomo (semillas aromáticas de sabor intenso, algo cítrico y dulce), machacadas

Pizca de chile en polvo

¼ ramita de canela

500g de almejas pipi, limpias

500g de almejas, limpias

1½ tazas de crema de coco

¼ taza de hojas de cilantro, picadas

Raita

½ pepino, pelado, sin centro, picado

¼ taza de menta, picada

5 cucharadas de yogur natural

Jugo de 1 limón amarillo

Sal y pimienta negra recién molida

Preparación

1 En una sartén grande a fuego medio colocar el aceite, la cebolla, el ajo y las especias, saltear ligeramente durante 2 minutos. Añadir los mariscos y ½ taza de agua, cocer hasta que las conchas se abran, moviendo frecuentemente. Cuando las conchas se abran añadir la crema de coco y las hojas de cilantro.

2 Para preparar la raita, mezclar todos los ingredientes. Retirar la ramita de canela y servir el curry en un tazón grande con arroz basmati y acompañado con la raita. **Porciones 4**

LANGOSTA HERVIDA CON SAKE

Ingredientes

2 langostas, de 450g cada una
2 poros, en rebanadas de 15mm
125g de berros
1 trozo de jengibre de 8cm
1 cucharada de jugo de jengibre fresco

Salsa

1¾ taza de sake (ver página 59)
7 cucharadas de mirin
(ver página 59)
2 cucharadas de salsa de soya oscura
2 cucharadas de salsa de soya ligera
2 cucharadas de azúcar
½ cucharadita de sal

Preparación

1 Cortar la langosta por la mitad a lo largo, cortar cada mitad en 2 o 3 trozos.

2 En agua salada hervir los poros hasta que estén tiernos, colar.

3 En agua hirviendo con un poco de sal blanquear los berros, colar y refrescar en agua fría. Escurrir y cortar en tiras de 4 cm.

4 Cortar el jengibre en rebanadas muy delgadas, remojar en agua fría de 2 a 3 minutos.

5 Para hacer la salsa, en una cacerola colocar el sake y ¾ de taza de agua, dejar que suelte el hervor a fuego alto, añadir el resto de los ingredientes. Agregar la langosta, tapar con un plato que quepa dentro de la cacerola, sobre la cocción —de este modo el calor se distribuye de manera uniforme pues el plato lo hace descender—. Hervir de 5 a 6 minutos a fuego alto hasta que sea fácil separar la carne de la concha. Inclinar varias veces el líquido de cocción sobre la langosta. Añadir el poro y los berros. Calentar bien, añadir el jugo de jengibre y retirar de inmediato del fuego. Servir la langosta decorada con las láminas de jengibre.
Porciones 4

ENSALADA DE CALAMARES ASADOS

Ingredientes

1 cucharada de aceite de chile

Ralladura de 2 limones amarillos

2 cucharadas de granos de pimienta negra, machacados

500g de cabezas de calamares pequeños, limpias

1 taza de hojas de albahaca, fresca

1 taza de hojas de menta, fresca

1 taza de hojas de cilantro, fresco

Aderezo de limón y chile

1 chile verde fresco, picado

2 cucharadas de azúcar morena

3 cucharadas de jugo de limón amarillo

2 cucharadas de salsa de soya

Preparación

1 En un plato hondo colocar el aceite de chile, la ralladura de limón y los granos de pimienta, mezclar para combinar. Añadir los calamares y marinar durante 30 minutos.

2 Forrar un platón para servir con la albahaca, la menta y el cilantro. Tapar con plástico de cocina y refrigerar hasta servir.

3 Para hacer el aderezo, en un tazón mezclar el chile, el azúcar, el jugo de limón y la salsa de soya.

4 Precalentar la parrilla o sartén y asar los calamares durante 30 segundos por lado o hasta que estén tiernos. No cocer de más porque se endurecen. Colocar los calamares sobre las hierbas y bañar con el aderezo. Porciones 4

PESCADO HORNEADO EN HOJAS DE MAÍZ

Ingredientes

48 hojas de maíz secas

4 filetes firmes de pescado blanco

¼ taza de cilantro fresco

1 aguacate, rebanado

Chiles jalapeños en escabeche

4 tortillas de maíz o de harina, calientes

Pasta de chile y limón

3 dientes de ajo, machacados

8 ramitas de orégano, sin hojas, desechar los tallos

2 cucharadas de chile en polvo

Ralladura de 2 limones verdes

1 cucharadita de comino molido

¼ taza de jugo de limón verde

Preparación

1 En un tazón colocar los granos de pimienta, cubrir con agua caliente y remojar durante 30 minutos.

2 Para hacer la pasta de chile y limón, en un procesador de alimentos colocar el ajo, los chiles, el orégano, el chile en polvo, la ralladura de limón, el comino y el jugo de limón, mezclar hasta que esté suave.

3 Precalentar el horno a 220°C. Cortar cada filete por la mitad a lo largo, esparcir la pasta de chile y limón por ambos lados.

4 Empalmar de 2 a 3 hojas de maíz, colocar un trozo de pescado encima, tapar con más hojas. Doblar para asegurar el pescado y amarrar. Colocar las hojas en una charola para horno, hornear de 10 a 12 minutos o hasta que el pescado se rompa cuando se pruebe con un tenedor.

5 Para servir, abrir los paquetes de maíz, esparcir el cilantro y acompañar con aguacate, los chiles jalapeños y las tortillas. Porciones 4

PESCADO BRASEADO CON CHORIZO

Ingredientes

250g de tomates cherry
1½ cucharadas de aceite de oliva extra virgen
1 chorizo, picado
1 diente de ajo, finamente rebanado
1 cebolla morada pequeña, finamente rebanada
½ cucharadita de paprika ahumada
1 taza de caldo de pollo
4 filetes de robalo, o cualquier otro pescado blanco, de 150g cada uno
¼ taza de perejil, machacado

Preparación

1 Precalentar el horno a 220°C. En una charola para horno colocar los tomates, bañar con el aceite de oliva y hornear hasta que la piel se separe, aproximadamente 10 minutos.

2 En una sartén saltear el chorizo, el ajo, la cebolla y la paprika de 2 a 3 minutos. Añadir el caldo y dejar que suelte el hervor, reducir a fuego lento y cocinar durante 5 minutos.

3 Pasar a un recipiente para horno, añadir los tomates y colocar el pescado encima. Hornear, tapado con papel aluminio, durante 10 minutos, hasta que el pescado esté bien cocido. Mezclar el perejil para servir.
Porciones 4

HAMBURGUESAS DE PESCADO THAI

Ingredientes

500g de filetes de pescado blanco, sin espinas, picados grueso

2–3 cucharaditas de pasta de curry rojo

90g de ejotes

4 hojas de lima kaffir (proporcionan un sabor cítrico potente y floral, son muy usadas en la cocina tailandesa), finamente rebanadas

8 hojas de albahaca, finamente rebanadas

1 cucharada de aceite de soya

4 panes integrales para hamburguesa, en mitades

90g de berros

1 pepino, finamente rebanado

1 zanahoria, finamente rebanada

Aderezo

1 cucharada de salsa de chile dulce

1 cucharada de jugo de limón verde

½ taza de yogur natural

Preparación

1 En un procesador de alimentos colocar los trozos de pescado, añadir la pasta de curry y mezclar hasta que esté suave. Pasar la pasta de pescado a un tazón e incorporar los ejotes, las hojas de lima y la albahaca, revolver bien. Con la mezcla hacer cuatro pastelitos redondos y planos.

2 En una sartén grande de teflón calentar el aceite, colocar los pastelitos y freír a fuego medio durante 15 minutos, voltear una vez, hasta que estén bien cocidos.

3 Tostar los panes y colocar los berros, el pepino y la zanahoria en cada base. Colocar una tortita de pescado en cada una.

4 Para hacer el aderezo, en un tazón combinar la salsa de chile dulce, el jugo de limón y el yogur, mezclar bien.

5 Servir el aderezo sobre las tortitas y colocar las tapas de los panes. **Porciones 4**

ROLLOS PRIMAVERA DE OSTIONES

Ingredientes

1 trozo de jengibre de 8cm, rallado

¼ taza de cilantro fresco, picado

¼ racimo de cebollín, picado

1 cucharadita de jugo de limón amarillo o verde

5 láminas para rollo primavera o 20 láminas de wonton

20 ostiones frescos, sin vaina

Salsa

1 cebolla de cambray, rebanada diagonalmente

2 cucharadas de vinagre de arroz

2 cucharadas de salsa de soya

1 cucharada de jugo de limón verde o amarillo

Preparación

1 Precalentar el horno a 180°C. Barnizar ligeramente la charola con aceite.

2 En un tazón pequeño colocar el jengibre, el cilantro, los cebollines y el jugo de limón. Mezclar para combinar bien.

3 Cortar cada lámina de rollo primavera en cuatro cuadros. Poner un ostión en el centro de cada cuadro, colocar encima un poco de la mezcla de jengibre. Barnizar con agua las orillas, doblar los lados hacia dentro y enrollar.

4 En una charola para horno colocar los rollos, con las junturas hacia abajo. Hornear de 10 a 12 minutos o hasta que la pasta esté crujiente y dorada.

5 Para hacer la salsa, en un tazón pequeño para servir colocar la cebolla de cambray, el vinagre, la salsa de soya y el jugo de limón, combinar bien. Cuando los rollos estén cocidos, servir de inmediato con la salsa. **Rinde 20**

ROLLOS DE PESCADO AL VAPOR CON VINAGRETA DE TOMATE

Ingredientes

- 2 cucharadas de aceite de pepita de uva
- 2 dientes de ajo, machacados
- 6 cebollas de cambray, picadas
- 1 taza de pan molido integral
- Puño pequeño de hojas de albahaca fresca, picadas
- Puño pequeño de hojas de perejil plano, picadas
- Ralladura de ½ limón
- 2 cucharadas de jugo de limón
- 4 filetes de pescado blanco, sin piel, cortados en mitades a lo largo
- 1 taza de jugo de tomate
- 2 cucharadas de vinagre de vino blanco
- 1 cucharada de azúcar morena

Preparación

1. En una sartén de teflón grande calentar el aceite, añadir el ajo y las cebollas de cambray y saltear a fuego medio durante 3 minutos o hasta que estén suaves. En un procesador de alimentos colocar la cebolla, el pan molido, la mitad de la albahaca, la mitad del perejil, la ralladura y el jugo de limón. Procesar para mezclar bien.
2. Dividir el relleno en 8 porciones iguales y darles forma rectangular. Colocar un rectángulo sobre cada pieza de pescado y enrollar para encerrar el relleno. Sujetar con un palillo o un cordón. Tapar y refrigerar durante 30 minutos.
3. Picar finamente el resto de la albahaca y el perejil. En una cacerola colocar la albahaca y el perejil, el jugo de tomate, el vinagre y el azúcar morena. Cocer a fuego bajo hasta que esté caliente.
4. Cocer los rollos al vapor durante 10 minutos o hasta que el pescado esté tierno y el relleno bien caliente.
5. Servir los rollos de pescado bañados con la vinagreta de tomate y ensalada verde crujiente. **Porciones 4**

cocina selecta

para agasajar

OSTIONES A LA PARRILLA CON CREMA Y CHAMPAÑA

Ingredientes

12 ostiones frescos en su concha, separados

½ taza de caldo de pescado

¼ taza de champaña

30g de mantequilla

2 cucharadas de crema espesa

Pimienta negra recién molida

50g de espinacas baby

Preparación

1 En un platón para horno forrado con papel aluminio colocar las conchas de los ostiones —acomodar el papel de manera que las conchas no se ladeen.

2 En una sartén verter el caldo de pescado y hervir a fuego lento, pochar los ostiones de 30 a 60 segundos, hasta que estén apenas firmes. Retirar los ostiones de la sartén, añadir la champaña y hervir durante 2 minutos para que se reduzca. Retirar la sartén del fuego y mezclar la mantequilla y después la crema. Sazonar con pimienta.

3 Precalentar la parrilla a intensidad alta. En una cacerola con agua cocer las espinacas de 2 a 3 minutos hasta que se marchiten. Exprimir el exceso de líquido y repartirlas entre las conchas. Colocar un ostión en cada concha y bañar con un poco de salsa. Asar en la parrilla durante 1 minuto o hasta que estén bien calientes. **Porciones 4**

OSTIONES GRETA GARBO

Ingredientes

36 ostiones en su concha

Jugo de ½ limón verde o amarillo

6 rebanadas de salmón ahumado, cortado en tiras finas

1 taza de crema agria

¼ racimo de cebollín, picado

2 cucharadas de caviar rojo

Preparación

1 Rociar los ostiones con el jugo de limón, colocar encima el salmón ahumado.

2 Añadir una cucharada de crema agria sobre cada ostión.

3 Decorar con los cebollines y con el caviar rojo. Servir sobre una cama de hielo frappe. **Porciones 6**

OSTIONES A LA PARRILLA CON CREMA Y CHAMPAÑA

RISOTTO PICANTE CON CANGREJO DE RÍO

Ingredientes

- 2 cucharadas de aceite de cacahuate
- 1 cebolla, picada
- 3 chiles rojos pequeños, picados
- 1 trozo de jengibre de 4cm, rallado
- 20 cangrejos de río, cocidos, pelados
- 2¼ taza de arroz Arborio o de grano corto
- ½ taza de vino blanco
- 4 tazas de caldo de pescado o de verduras, hirviendo
- 4 jitomates Saladet firmes, picados grueso
- 3 cebollas de cambray, rebanadas
- ½ taza de aceite vegetal
- 2 cucharadas de crema espesa
- Sal y pimienta negra recién molida
- ¼ taza de hojas de salvia fresca

Preparación

1. En una cacerola grande calentar el aceite, añadir la cebolla, el chile y el jengibre, saltear de 1 a 2 minutos o hasta que la cebolla se suavice. Añadir la carne de cangrejo y revolver con la mezcla de cebolla y chile. Con una cuchara coladora retirar los cangrejos y mantener calientes.
2. Agregar el arroz a la mezcla de la cebolla y el chile, revolver para mezclar. Agregar el vino blanco y mover hasta que el líquido se absorba. Verter 1 taza del caldo caliente a la mezcla del arroz y cocer, moviendo ocasionalmente, hasta que se absorba el líquido. Repetir con otra taza de caldo. Añadir los jitomates picados y las cebollas de cambray. Continuar añadiendo el caldo de la misma manera.
3. En una cacerola pequeña calentar el aceite. Colocar las hojas de salvia y freír hasta que estén crujientes, aproximadamente 2 segundos. Retirar y escurrir en papel absorbente.
4. Después de haber añadido todo el líquido al risotto y una vez que el arroz esté ligeramente firme agregar los cangrejos, la crema, sazonar con sal y pimienta al gusto. Revolver ligeramente para servir, decorar con las hojas de salvia. **Porciones 4**

BOUILLABAISE

Ingredientes

- ¼ taza de aceite de oliva
- 2 dientes de ajo, machacados
- 2 cebollas grandes, picadas
- 2 poros, rebanados
- 800g de tomates rojos de lata, colados y machacados
- 4 ramitas de tomillo, sin hojas, sin tallos
- ¼ taza de albahaca, picada
- ¼ taza de perejil, picado
- 2 hojas de laurel
- Ralladura de 2 naranjas
- 1 cucharadita de hilos de azafrán
- 1 taza de vino blanco seco
- 1 taza de caldo de pescado
- 3kg de mariscos surtidos incluyendo filetes de pescado blanco, camarones, mejillones, cangrejo y aros de calamar
- Pimienta negra recién molida

Preparación

1. En una sartén grande calentar el aceite a fuego medio, añadir el ajo, las cebollas y los poros, freír durante 5 minutos o hasta que las cebollas se doren. Agregar los tomates, el tomillo, la albahaca, el perejil, las hojas de laurel, la ralladura de naranja, el azafrán, el vino y el caldo, dejar que suelte el hervor. Cocinar a fuego lento durante 30 minutos.
2. Quitar las espinas y la piel de los filetes de pescado, cortar en cubos de 2cm. Pelar y limpiar los camarones, dejar las colas. Tallar los mejillones y retirar las barbas. Cortar el cangrejo en cuartos.
3. Añadir el pescado y los mariscos y cocer durante 10 minutos. Agregar el resto de los mariscos y cocinar durante 5 minutos o hasta que estén cocidos. Sazonar al gusto con pimienta negra. **Porciones 6**

ALMEJAS EN SALSA DE FRIJOL

Ingredientes

1 cucharada de aceite de ajonjolí
1kg de almejas, limpias
1 cucharada de maicena mezclada con 2 cucharadas de agua
¼ de cilantro fresco, picado
3 cebollas de cambray, finamente picadas

Salsa de frijol

4 cucharadas de frijoles cocidos, colados
1 trozo de jengibre de 4cm, picado
1 chile rojo, picado
2 dientes de ajo, machacados
1 cucharada de vinagre blanco
2 cucharadas de salsa de soya
1 pizca de polvo de cinco especias
1 cucharadita de azúcar
2 cucharadas de aceite vegetal

Preparación

1 Para hacer la salsa de frijol, machacar los frijoles. Mezclar con el resto de los ingredientes para la salsa, reservar durante 15 minutos.

2 En una cacerola grande a fuego alto calentar el aceite de ajonjolí, añadir las almejas y ¼ de taza de agua, cocer hasta que las almejas comiencen a abrirse. Agregar la salsa y cocer hasta que todas las almejas se hayan abierto.

3 Agregar la mezcla de la maicena y mover hasta que la salsa espese, aproximadamente 1 minuto a fuego alto.

4 Agregar el cilantro y las cebollas de cambray, servir con arroz o fideos. **Porciones 4**

ALMEJAS PIPI FRITAS

Ingredientes

1kg de almejas pipi, limpias
1 cebolla pequeña, rebanada
1 tallo de apio, rebanado
1 diente de ajo, machacado
¼ taza de vino blanco
Sal y pimienta negra recién molida
15g de mantequilla
¼ de perejil, picado
2 huevos, batidos
2 tazas de pan molido
4 ramitas de romero, tomillo o mejorana, sin hojas, picadas
Aceite vegetal para freír
3 cucharadas de salsa tártara
1 limón amarillo, en gajos

Preparación

1 En una cacerola colocar las almejas, la cebolla, el apio, el ajo y el vino blanco. Cocer hasta que las almejas se abran, mover con frecuencia para que se cuezan uniformemente.

2 Sazonar con pimienta, añadir la mantequilla y el perejil, revolver. Quitar las almejas de sus conchas, reservar las conchas.

3 Sazonar los huevos con sal y pimienta, añadir las almejas.

4 Mezclar el pan molido con las hierbas, revolcar las almejas en el pan, sacudir el exceso. Freír las almejas en abundante aceite durante unos minutos hasta que se doren. Escurrir sobre papel absorbente y servir de inmediato en sus conchas con salsa tártara, los gajos de limón y una ensalada. **Porciones 4**

GRATINADO DE CANGREJO

Ingredientes

4 cangrejos pequeños

4 chalotes (parecido al ajo, pero con dientes más grandes), picados

50g de champiñones, picados

15g de mantequilla

Sal y pimienta negra recién molida

2 cucharadas de coñac

Salsa gratín

30g de mantequilla

2 cucharadas de harina común

1½ tazas de caldo de pescado

½ taza de crema espesa

1 cucharadita de mostaza francesa

1 cucharadita de pimienta de Cayena

40g de queso cheddar, rallado

Preparación

1 Precalentar el horno a 150°C. Preparar los cangrejos según se describe en la página 6, con cuidado de dejar los caparazones intactos.

2 En una sartén con mantequilla saltear los chalotes y los champiñones. Retirar del fuego y verter el coñac.

3 Para hacer la salsa gratín, en una cacerola derretir la mantequilla e incorporar la harina, revolver a fuego lento de 1 a 2 minutos. Añadir poco a poco el caldo de pescado y revolver hasta que la salsa espese, incorporar la crema, la mostaza y la pimienta de Cayena.

4 Dejar hervir a fuego lento de 2 a 3 minutos, retirar del fuego y añadir la carne de cangrejo y la mezcla de los champiñones.

5 Repartir la salsa en las conchas, espolvorear con el queso y hornear durante 5 minutos. **Porciones 4**

CANGREJOS CON CHILE

Ingredientes

2 cangrejos medianos
3 cucharadas de aceite vegetal
1 cucharada de jugo de limón amarillo
Sal

Salsa de chile

2-3 chiles rojos, sin semillas, picados
1 cebolla, picada
2 dientes de ajo, machacados
1 trozo de jengibre de 2cm, rallado
2 cucharadas de aceite vegetal
2 jitomates Saladet maduros, pelados, sin semillas, picados
1 cucharadita de azúcar
1 cucharada de salsa de soya

Preparación

1 Limpiar los cangrejos, cortar cada cuerpo en 2 o 4 piezas. Picar o romper las tenazas en 2 o 3 puntos (según el tamaño). En una sartén calentar el aceite, añadir los trozos de cangrejo y freír durante 5 minutos, mover constantemente. Añadir el jugo de limón y sal al gusto, retirar del fuego y mantener caliente.

2 Para hacer la salsa, en un procesador de alimentos o licuadora colocar los chiles, la cebolla, el ajo y el jengibre, mezclar hasta formar una pasta suave. En una sartén para freír o wok calentar el aceite, agregar la pasta de chile y freír durante 1 minuto, moviendo constantemente. Añadir los jitomates, el azúcar y la salsa de soya, freír revolviendo durante 2 minutos más, después verter 3 cucharadas de agua. Sazonar con sal al gusto y hervir a fuego lento durante un minuto más.

3 Añadir el cangrejo y revolver para bañarlo en la salsa, cocer de 1 a 2 minutos. Servir caliente. **Porciones 4**

CALLOS DE HACHA CON SALSA DE NARANJA

Ingredientes

2 naranjas pequeñas
4 tomates deshidratados en aceite, colados y picados
1 diente de ajo, machacado
1 cucharadita de vinagre balsámico
4 cucharadas de aceite de oliva extra virgen
Sal y pimienta negra recién molida
1 bulbo de hinojo, cortado a lo largo en 8 rebanadas
12 callos de hacha
4 cucharadas de crème fraîche o crema fresca

Preparación

1 Cortar la parte superior e inferior de 1 naranja, quitar la pulpa y la parte blanca siguiendo la curva de la fruta. En un tazón exprimir el jugo de la otra naranja, añadir la naranja cortada, los tomates, el ajo, el vinagre y 3 cucharadas del aceite, sazonar al gusto y reservar.

2 Calentar una sartén grande de base gruesa. Barnizar ambos lados de cada hinojo con la mitad del resto del aceite. Freír de 2 a 3 minutos por lado hasta que estén tiernos y dorados. Pasar a platos para servir y mantener caliente.

3 Barnizar los callos con el resto del aceite y freír durante 1 minuto, voltear y freír durante 30 segundos o hasta que estén bien cocidos. Colocar 1 cucharada de crème fraîche sobre cada hinojo, 3 callos y la salsa. Servir con rúcula. **Porciones 4**

LANGOSTA NEWBURG

Ingredientes

60g de mantequilla

2kg de langosta, cocidas, peladas y cortadas en trozos pequeños, reservar los caparazones intactos

2 cucharaditas de sal

¼ cucharadita de pimienta de Cayena

¼ cucharadita de nuez moscada

1 taza de crema espesa

4 yemas de huevo

2 cucharadas de brandy

2 cucharadas de jerez seco

Preparación

1 En un sartén para freír derretir la mantequilla a fuego medio. Cuando se forme espuma añadir la langosta y freír lentamente durante 5 minutos. Añadir la sal, la pimienta de Cayena y la nuez moscada.

2 En un tazón pequeño batir ligeramente la crema con las yemas de huevo. Agregar la mezcla a la sartén, moviendo continuamente.

3 Añadir el brandy y el jerez —no dejar que hierva para evitar que cuaje.

4 Colocar la mezcla de langosta en los caparazones reservados. Servir sobre una cama de arroz hervido y espárragos. **Porciones 4**

LANGOSTA A LA PARRILLA CON SALSA DE CHILE

Ingredientes

2 langostas cocidas, de 650g cada una
4 cucharaditas de aceite de oliva
½ cucharadita de pimienta de Cayena

Salsa de chile

2 cucharadas de aceite de oliva
1 pimiento rojo, sin semillas, picado
1 cebolla pequeña, picada
1 chile rojo grande, sin semillas, finamente picado
1 cucharada de puré de tomates deshidratados
Sal y pimienta negra recién molida

Preparación

1 Para hacer la salsa, en una sartén calentar el aceite y saltear el pimiento, la cebolla y el chile durante 5 minutos o hasta que estén tiernos. Incorporar el puré de tomate y sazonar al gusto. Pasar a un tazón.

2 Para cortar las langostas por la mitad a lo ancho, colocarlas de espaldas. Con un cuchillo grande y filoso cortar primero por la cabeza, girar la langosta y cortar hacia el extremo de la cola. Desechar el saco grisáceo de la cabeza —todo lo demás de la cabeza es comestible—. Romper las tenazas grandes con un martillo pequeño o cascanueces. Repetir el procedimiento con la segunda langosta. Bañar el lado del corte con el aceite y espolvorear con la pimienta de Cayena.

3 Calentar una sartén grande de teflón hasta que esté muy caliente, añadir las mitades de langosta, con el corte hacia abajo, y cocer de 2 a 3 minutos, hasta que estén ligeramente doradas. Servir con la salsa. **Porciones 4**

LANGOSTA EN PESTO DE MENTA

Ingredientes

2 colas de langosta, crudas, en mitades a lo largo

Pesto de menta

1 racimo de menta fresca
4 cucharadas de almendras, tostadas
1 diente de ajo, machacado
¼ taza de jugo de limón verde
¼ taza de aceite de olivo

Preparación

1 Para hacer el pesto, en un procesador de alimentos colocar las hojas de menta, las almendras, el ajo y el jugo de limón, procesar. Sin apagar el motor añadir poco a poco el aceite para formar una pasta suave.

2 Precalentar el horno a 200°C. Colocar las langostas en una charola para horno, esparcir el pesto encima de ellas y hornear de 15 a 20 minutos o hasta que la langosta esté cocida. **Porciones 4**

LANGOSTA A LA PARRILLA CON SALSA DE CHILE

LANGOSTA MORNAY

Ingredientes

2 langostas medianas, cocidas y en mitades

Salsa Mornay

1¼ tazas de leche

1 hoja de laurel

1 cebolla pequeña, picada

5 granos de pimienta negra

30g de mantequilla, más 15g

2 cucharadas de harina común

¼ taza de crema

65g de queso cheddar, rallado

Sal y pimienta negra recién molida

65g de pan molido

Preparación

1 Sacar la carne de la langosta y cortarla en trozos medianos. Reservar los caparazones.

2 En una cacerola colocar la leche, la hoja de laurel, la cebolla y los granos de pimienta. Calentar a fuego lento hasta que suelte el hervor. Retirar del fuego, tapar y dejar reposar durante 10 minutos. Colar.

3 En una sartén derretir 30g de mantequilla y retirar del fuego. Incorporar la harina y revolver añadiendo gradualmente la leche colada. Devolver la sartén al fuego, revolver constantemente hasta que la salsa hierva y espese. Cocinar a fuego lento durante 1 minuto, retirar del fuego, añadir la crema, el queso, sal y pimienta. Revolver la salsa hasta que el queso se derrita y agregar la langosta.

4 Dividir la mezcla entre los caparazones. En una sartén pequeña derretir el resto de la mantequilla, agregar el pan molido y revolver para mezclar. Esparcir el pan sobre la langosta y dorar en la parrilla caliente. Porciones 4

CAMARONES ASADOS CON MANTEQUILLA DE HIERBAS

Ingredientes

12 camarones

125g de mantequilla

2 ramitas de eneldo, picado

2 ramitas de perifollo (hierba aromática de la familia del perejil), picado

¼ taza de perejil, picado

2 dientes de ajo, finamente picados

Sal y pimienta negra recién molida

1 limón verde, cortado en gajos

Preparación

1 Precalentar la parrilla. Cortar los camarones a lo largo por el centro y colocarlos con el corte hacia arriba en una charola para asar.

2 En una sartén derretir la mantequilla, colocar las hierbas y el ajo. Bañar los camarones con la mantequilla de hierbas y sazonar con pimienta fresca recién molida.

3 Asar los camarones durante 5 minutos aproximadamente hasta que la carne se ponga blanca. Retirar del fuego, sazonar con sal y pimienta. Colocar en un platón grande para servir como entrada y decorar con los gajos de limón. Porciones 4

LANGOSTINOS THAI CON AJO

Ingredientes

6 dientes de ajo, machacados
¾ taza de cilantro
3 cucharadas de aceite vegetal
500g de langostinos crudos, pelados, sin vena, con colas
¼ taza de salsa de pescado
1 cucharada de azúcar
Pimienta negra recién molida

Preparación

1 En un procesador de alimentos colocar el ajo, el cilantro y 2 cucharadas del aceite, procesar hasta que esté suave.

2 En una cacerola grande o wok calentar el resto del aceite, añadir la mezcla del ajo y freír revolviendo durante 2 minutos. Añadir los camarones y freír revolviendo para bañarlos con la mezcla de ajo. Verter ¾ de taza de agua, la salsa de pescado, el azúcar y la pimienta negra, revolver hasta que los langostinos estén cocidos. Servir de inmediato. **Porciones 4**

LANGOSTINOS CON SALSA ESTILO MEXICANO

Ingredientes

750g de langostinos crudos, pelados, sin vena
2 cucharadas de jugo de limón verde
2 cucharaditas de comino molido
¼ taza de cilantro, picado
2 chiles rojos frescos, picados
2 cucharaditas de aceite vegetal
4 tortillas o piezas de pan plano

Salsa de aguacate

1 aguacate, picado
1 cucharadita de jugo de limón amarillo
½ pimiento rojo, picado
2 cebollas de cambray, picadas
½ cucharadita de chile en polvo
¼ taza de hojas de cilantro

Preparación

1 En un tazón colocar los langostinos, el jugo de limón, el comino, el cilantro, los chiles y el aceite, revolver para mezclar y reservar para marinar durante 5 minutos.

2 Para hacer la salsa, en un tazón colocar el aguacate, el jugo de limón, el pimiento rojo, las cebollas de cambray, el chile en polvo y las hojas de cilantro, revolver ligeramente para mezclar. Reservar.

3 Calentar una sartén de teflón a fuego alto, añadir los langostinos y freír revolviendo de 4 a 5 minutos o hasta que los langostinos estén cocidos. Para servir dividir los langostinos en las tortillas o el pan y colocar la salsa encima. **Porciones 4**

LANGOSTINOS MARIPOSA

Ingredientes

500g de langostinos crudos
1 filete de jamón
1 calabacita italiana
6 cebollas de cambray
2 cucharadas de aceite vegetal
2 cucharadas de maicena
1 cubito de caldo de pollo, desmenuzado
2 cucharadas de jerez
2 cucharadas de salsa de soya

Preparación

1. Pelar los langostinos y quitarles la vena, dejar las colas. Marcar un corte poco profundo a lo largo de la espalda de cada langostino. Hacer una perforación de 1cm en el centro de cada langostino.
2. Cortar el jamón, la calabaza y las cebollas de cambray en tiras delgadas. Introducir una tira de cada ingrediente por la perforación de cada langostino.
3. En un wok o sartén calentar el aceite, colocar los camarones y freír revolviendo durante 1 minuto.
4. Mezclar la maicena con un poco de agua. Incorporar la maicena, el cubo de caldo de pollo, el jerez y la salsa de soya, calentar hasta que la mezcla hierva y espese. Retirar los camarones y colocarlos sobre un platón para servir. Reservar el líquido de cocción y usarlo para remojar los camarones. **Porciones 24**

LANGOSTINOS Y CALLOS DE HACHA CON COCO

Ingredientes

1kg de langostinos, pelados, sin vena, con colas

3 claras de huevo, ligeramente batidas

90g de coco, rallado

Aceite vegetal para freír

1 cucharada de aceite de cacahuate

4 chiles rojos frescos, sin semillas, rebanados

2 chiles verdes frescos, sin semillas, rebanados

2 dientes de ajo, machacados

1 trozo de jengibre de 4cm, rallado

3 hojas de lima kaffir (proporciona un sabor cítrico potente y floral, son muy usadas en la cocina tailandesa), finamente rebanadas

350g de callos de hacha

125g de chícharo chino verde

2 cucharadas de azúcar morena

¼ taza de jugo de limón verde

2 cucharadas de salsa de pescado

Preparación

1 Remojar los langostinos en las claras, revolcar en el coco para cubrir. En una sartén grande calentar el aceite vegetal hasta que un cubito de pan se fría en 50 segundos. Freír los camarones, en tandas, de 2 a 3 minutos o hasta que doren y estén crujientes. Escurrir sobre papel absorbente y mantener calientes.

2 En un wok calentar a fuego alto el aceite de cacahuate, añadir los chiles, el ajo, el jengibre y las hojas de lima, freír revolviendo de 2 a 3 minutos o hasta que suelte las fragancias.

3 Añadir los callos de hacha al wok, freír revolviendo durante 3 minutos o hasta que se tornen opacos. Añadir los langostinos cocidos, los chícharos chinos, el azúcar, el jugo de limón y la salsa de pescado, freír revolviendo durante 2 minutos más o hasta que esté caliente. Servir de inmediato. **Porciones 6**

MEJILLONES ESCARGOT

Ingredientes

1kg de mejillones, limpios

1 cebolla pequeña, rebanada

1 tallo de apio, rebanado

1 diente de ajo, picado

¼ taza de vino blanco

Pimienta negra recién molida

15g de mantequilla

¼ taza de perejil, picado

Mantequilla de ajo

500g de mantequilla, a temperatura ambiente

2 dientes de ajo, picados

¼ taza de perejil fresco, picado

1½ cucharadas de brandy

Sal y pimienta negra recién molida

Preparación

1 En una cacerola colocar los mejillones, la cebolla, el apio, el ajo y el vino blanco. Cocer hasta que los mejillones se abran, revolver frecuentemente para que se cuezan de manera uniforme.

2 Sazonar con pimienta, añadir la mantequilla y el perejil a los mejillones, revolver. Retirar media concha de cada mejillón, dejar los mejillones en el resto de las conchas.

3 Para hacer la mantequilla de ajo, mezclar todos los ingredientes hasta que se suavicen.

4 Colocar la mantequilla de ajo sobre cada mejillón, asar hasta que hierva. Servir acompañados de pan o totopos. **Porciones 6**

MEJILLONES CON ESPINACAS MORNAY

Ingredientes

1kg de mejillones, limpios
1 cebolla pequeña, rebanada
1 tallo de apio, rebanado
1 diente de ajo, machacado
¼ taza de vino blanco
Pimienta negra recién molida
50g de mantequilla
¼ taza de perejil, picado
3 cucharadas de harina
1¾ tazas de leche
200g de queso cheddar, rallado
50g de queso parmesano, rallado
Sal y pimienta negra recién molida
¼ cucharadita de nuez moscada
225g de espinacas baby
100g de berros
1 limón amarillo, en gajos

Preparación

1 En una cacerola colocar los mejillones, la cebolla, el apio, el ajo y el vino blanco. Cocer hasta que los mejillones se hayan abierto, revolviendo frecuentemente para que se cuezan de manera uniforme.

2 Sazonar con pimienta, añadir un tercio de la mantequilla y el perejil, revolver. Quitar media concha de cada mejillón, dejar los mejillones en las otras medias conchas.

3 En una sartén derretir lentamente el resto de la mantequilla, cuidar que no se queme. Retirar del fuego, añadir la harina y mezclar con una pala de madera hasta que esté muy suave. Verter la leche, regresar el sartén al fuego y revolver hasta que suelte el hervor. Reducir el fuego y cocer lentamente durante 5 minutos.

4 Agregar el queso y los sazonadores. Cocer durante 5 minutos más a fuego lento hasta que el queso se derrita por completo. Añadir las espinacas baby.

5 Servir la salsa Mornay de espinacas sobre los mejillones en media concha y asar hasta que se doren. Servir con berros y los gajos de limón. **Porciones 6**

MEJILLONES DIJON

Ingredientes

30g de mantequilla
½ cebolla, finamente picada
½ racimo de apio, finamente picado
½ poro, finamente picado
1kg de mejillones, limpios
1 taza de vino blanco seco
1 taza de crema espesa
1 cucharada de mostaza de Dijon
Pimienta negra recién molida
¼ taza de perejil, picado

Preparación

1 En una sartén grande a fuego alto derretir la mantequilla, añadir la cebolla, el apio y el poro, saltear durante 1 minuto. Agregar los mejillones y el vino blanco, tapar.

2 Mezclar la crema y la mostaza, añadir a la sartén. Sazonar con pimienta.

3 Mover con frecuencia para que los mejillones se cuezan uniformemente. Cuando se hayan abierto añadir el perejil. Desechar los mejillones que no se abran, servir. **Porciones 4**

MEJILLONES RIVIERA

Ingredientes

1kg de mejillones, limpios
1 cebolla pequeña, rebanada y 1 finamente picada
1 tallo de apio, rebanado
3 dientes de ajo, machacados
1 taza de vino blanco
Sal y pimienta negra recién molida
15g de mantequilla
¼ taza de perejil
1 cucharada de aceite de oliva
4 jitomates Saladet, finamente picados
½ pimiento rojo, finamente picado
2 ramitas de romero, sin hojas, sin tallos, picadas
4 ramitas de tomillo, sin hojas, sin tallos
4 ramitas de albahaca, sin hojas, picadas
¼ taza de paprika
20g de queso parmesano, rallado

Preparación

1 En una cacerola colocar los mejillones, la cebolla rebanada, el apio, un tercio del ajo y ¼ de taza de vino blanco. Cocer hasta que los mejillones se abran, mover con frecuencia para que se cuezan parejos.

2 Sazonar con pimienta, añadir la mantequilla y el perejil, revolver. Quitar media concha de cada mejillón, dejar los mejillones en las otras medias conchas.

3 Calentar aceite en una sartén, colocar la cebolla picada, los jitomates, el pimiento y el resto del ajo. Saltear durante 5 minutos.

4 Agregar el resto del vino y las hierbas, sazonar con sal, pimienta y paprika. Cocer a fuego lento durante 30 minutos hasta que la mezcla obtenga consistencia de pasta.

5 Con una cuchara cubrir los mejillones con la pasta, colocar encima el queso parmesano y asar. Servir en un platón con pan focaccia (especie de pan plano cubierto de hierbas, queso, etcétera). **Porciones 6**

MEJILLONES DIJON

PATÉ DE MARISCOS

Ingredientes

500g de filetes de trucha, sin piel, sin hueso
500g de camarones crudos, pelados, sin vena
90g de mantequilla
4 cebollas de cambray, picadas
2 dientes de ajo, machacados
2 cucharadas de brandy
8 ramitas de eneldo, picado
½ taza de crema espesa
1 cucharada de jugo de limón
2 cucharaditas de salsa de chile
Pimienta negra recién molida

Preparación

1. Picar la trucha y los camarones en trozos grandes, reservar.
2. En una cacerola a fuego medio derretir la mantequilla, agregar las cebollas de cambray y el ajo, saltear revolviendo durante 1 minuto o hasta que las cebollas se suavicen. Añadir la trucha y los camarones y seguir revolviendo hasta que se cuezan. Verter el brandy y cocinar durante 1 minuto, incorporar el eneldo, la crema, el jugo de limón y la salsa de chile. Retirar la sartén del fuego y dejar enfriar.
3. Pasar la mezcla a un procesador de alimentos, sazonar al gusto con pimienta negra y procesar hasta que esté suave. Colocar en un platón, tapar y refrigerar durante 6 horas mínimo. Para servir decorar el paté con más ramitas de eneldo y acompañar con pan tostado o galletas crujientes. **Porciones 8**

cocina selecta

comida ligera

SALMÓN CON MANTEQUILLA DE CEBOLLA Y VINO TINTO

Ingredientes

½ taza de vino blanco

½ cebolla morada pequeña, finamente picada

75g de mantequilla, a temperatura ambiente

¼ taza de perejil fresco, finamente picado

1 diente de ajo, finamente machacado

Sal de mar y pimienta negra recién molida

1 cucharada de aceite de girasol

4 filetes de salmón, de 175g cada uno, sin piel

Preparación

1 En una cacerola pequeña colocar el vino y la cebolla, dejar que suelte el hervor. Cocinar a fuego alto de 4 a 5 minutos hasta que el liquido se reduzca a 2 cucharadas aproximadamente. Retirar del fuego y dejar enfriar por completo.

2 En un tazón batir la mantequilla hasta que esté suave, agregar el perejil, el ajo, la reducción de vino y sazonar, revolver con un tenedor. Envolver la mantequilla en plástico de cocina y darle forma de cilindro alargado. Refrigerar hasta que se endurezca.

3 En una sartén a fuego medio calentar el aceite y freír el salmón durante 4 minutos. Voltear y freír de 3 a 4 minutos más, hasta que esté bien cocido. Cortar la mantequilla en 4 trozos, colocar uno sobre cada filete de salmón, cocer durante 2 minutos más antes de servir. **Porciones 4**

FILETES DE SALMÓN ASADOS CON VINAGRETA DE MENTA

Ingredientes

4 filetes de salmón, de 170g cada uno

Sal y pimienta negra recién molida

Vinagreta de menta

¼ taza de menta, picada

1 chalote pequeño (parecido al ajo, pero con dientes más grandes), finamente picado

6 cucharadas de aceite de oliva

Jugo de 1 limón amarillo

Preparación

1 Precalentar la parrilla a intensidad alta, forrar la charola de la parrilla con papel aluminio. Colocar encima los filetes de salmón y sazonar ligeramente. Asar de 4 a 5 minutos por lado, hasta que estén dorados y bien cocidos.

2 Para hacer la vinagreta, mezclar la menta, el chalote, el aceite y el jugo de limón, sazonar al gusto. Verter sobre los filetes y decorar con menta extra. **Porciones 4**

SALMÓN CON MANTEQUILLA DE CEBOLLA Y VINO TINTO

MEDALLONES DE SALMÓN CON SALSA HOLANDESA DE ENELDO

Ingredientes

2 cucharadas de aceite de oliva extra virgen

1 cucharada de jugo de limón amarillo

¼ cucharadita de pimienta negra gruesa

4 medallones de salmón, de 200g cada uno

Salsa holandesa de eneldo

⅓ taza de vinagre de vino blanco

Sal y pimienta negra recién molida

4 yemas de huevo

200g de mantequilla sin sal, derretida

2 cucharadas de jugo de limón amarillo

½ taza de eneldo fresco, picado

Preparación

1 En un platón grande de cerámica combinar el aceite, el jugo de limón y la pimienta. Agregar los medallones de salmón y marinar de 3 a 4 horas.

2 Para hacer la salsa holandesa de eneldo, en una cacerola pequeña mezclar el vinagre, la pimienta y 3 cucharadas de agua. Dejar que suelte el hervor y que se reduzca hasta obtener 1 cucharada de líquido. En un procesador de alimentos colocar las yemas y la mezcla de vinagre, procesar durante 1 minuto. Sin apagar el motor añadir poco a poco la mantequilla derretida y procesar hasta que espese. Añadir el jugo de limón, el eneldo y sal y pimienta al gusto, mantener caliente.

3 Para cocer los medallones, engrasar ligeramente la charola de la parrilla. Asar de 2 a 3 minutos por lado hasta que tomen el término deseado. Servir el salmón con la salsa holandesa de eneldo y acompañar con rodajas de papa. **Porciones 4**

PIE DE PESCADO CON ESENCIA DE LIMÓN

Ingredientes

1kg de papas, cortados en trozos del mismo tamaño

60g de mantequilla

1 cebolla, picada

2 tallos de apio, rebanados

2 cucharadas de harina común

1 taza de caldo de pescado

Ralladura y jugo de 1 limón amarillo grande

Sal y pimienta negra recién molida

450g de bacalao u otro pescado blanco, cortado en cubos

200g de mejillones, cocidos, sin concha

¼ taza de perejil, picado

4 cucharadas de leche

Preparación

1 Cocer las papas en agua salada hirviendo de 15 a 20 minutos o hasta que estén suaves, colar.

2 Mientras, en una cacerola grande derretir 30g de mantequilla, agregar la cebolla y el apio, saltear de 2 a 3 minutos o hasta que estén suaves. Agregar la harina y cocinar revolviendo durante 1 minuto, añadir poco a poco el caldo de pescado, cocer revolviendo hasta que espese. Añadir la ralladura y el jugo de limón, sazonar con pimienta.

3 Precalentar el horno a 220°C. Retirar la salsa del fuego, añadir el bacalao, los mejillones y el perejil, pasar a un recipiente para horno. Machacar las papas con el resto de la mantequilla y la leche. Sazonar, con un tenedor esparcir de manera uniforme sobre el pescado. Hornear de 30 a 40 minutos hasta que la salsa burbujee y la papa comience a dorarse. **Porciones 4**

LUCIOPERCA CON SALSA TAHINI Y CACAHUATES

Ingredientes

2 cucharadas de jugo de limón amarillo
500g de filetes de lucioperca o trucha
30g de mantequilla, derretida
1 limón amarillo, en gajos

salsa Tahini

50g de mantequilla
1 cebolla mediana, finamente picada
1 cucharadita de comino molido
4 ramitas de cilantro fresco, finamente picado
2 cucharadas de jerez dulce
2 cucharadas de Tahini (puré de ajonjolí)
2 cucharadas de mantequilla de cacahuate
1 cucharada de miel
1 cucharada de jugo de limón amarillo

Preparación

1 Para hacer la salsa, en una cacerola derretir la mantequilla, añadir la cebolla, el comino y el cilantro, saltear revolviendo durante 1 minuto. Agregar el resto de los ingredientes y ¼ de taza de agua, revolver a fuego medio durante 5 minutos hasta que la salsa espese. Reservar y tapar para mantener caliente.

2 Rociar el jugo de limón sobre los filetes y barnizar con la mantequilla derretida.

3 En una parrilla caliente asar los filetes de 2 a 3 minutos por lado o hasta que estén bien cocidos. Pasar a un plato caliente, colocar encima una cucharada de la salsa Tahini y decorar con los gajos de limón y cilantro extra. Servir de inmediato. **Porciones 4**

TRUCHA CRUJIENTE CON ALMENDRAS Y SALSA DE JENGIBRE

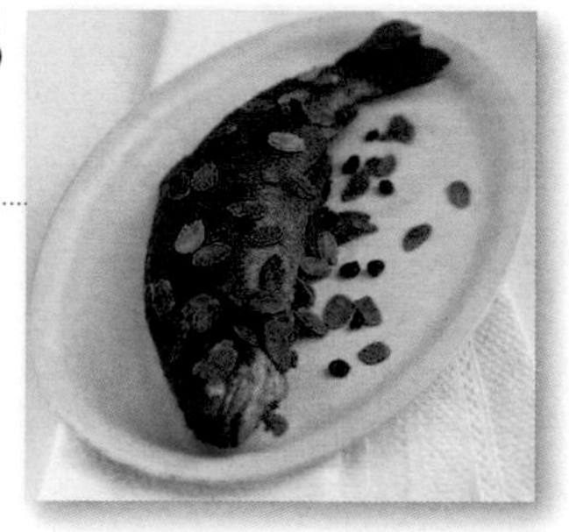

Ingredientes

Sal y pimienta negra recién molida
4 truchas, limpias, sin espinas
2 cucharadas de harina
2 cucharadas de aceite vegetal
90g de jengibre fresco, rallado
30g de mantequilla
90g de almendras fileteadas
2 cucharadas de pasas

Preparación

1 Sazonar el pescado y espolvorear con harina. En una sartén grande de teflón calentar el aceite a fuego medio-alto, añadir el pescado y freír durante 5 minutos por lado o hasta que esté crujiente, dorado y bien cocido. Retirar de la sartén y mantener caliente.

2 Extraer el jugo del jengibre y colocarlo en un tazón pequeño —se obtienen de 4 a 6 cucharadas aproximadamente— desechar los sólidos.

3 Añadir la mantequilla y las almendras al sartén, saltear ligeramente durante 2 minutos o hasta que las almendras estén doradas. Agregar las pasas y el jugo de jengibre, calentar durante unos segundos, añadir el pescado y servir de inmediato. **Porciones 4**

FILETES DE HUACHINANGO CON VINO BLANCO Y PEREJIL

Ingredientes

½ taza de harina común

1 cucharadita de pimienta negra molida grueso

¼ cucharadita de sal de mar

4 filetes de huachinango, de 225g cada uno

2 cucharadas de aceite de oliva

50g de mantequilla

2 dientes de ajo, machacados

½ taza de vino blanco

¼ taza de perejil, finamente picado

Preparación

1. En un plato mezclar la harina, la pimienta y la sal, revolcar los filetes, sacudir el exceso.
2. En una sartén calentar el aceite de oliva, agregar el pescado y freír a fuego medio de 5 a 6 minutos por lado, según el grosor del pescado. Reservar en un plato y mantener caliente.
3. Limpiar la sartén, derretir la mantequilla, añadir el ajo y freír durante 2 minutos. Agregar el vino blanco y hervir a fuego lento hasta que la salsa se reduzca. Justo antes de servir agregar el perejil a la salsa. Verter sobre el pescado. **Porciones 4**

DORADO CON MOSTAZA Y ALCAPARRAS

Ingredientes

60g de mantequilla, a temperatura ambiente

1 cucharada de mostaza de Dijon

1 cucharada de alcaparras, picadas

½ cucharadita de sal

½ cucharadita de granos de pimienta negra molida

4 medallones de dorado, de 225g cada uno

¼ cucharadita de paprika molida

Preparación

1 En un tazón pequeño mezclar la mantequilla y la mostaza hasta que esté suave. Añadir las alcaparras, sal y pimienta, y mezclar bien. Esparcir cantidades iguales sobre cada filete. Espolvorear paprika encima.

2 Precalentar el horno a 220°C. Envolver cada filete en papel aluminio, colocarlos en una charola para horno y hornear de 8 a 10 minutos. Dejar reposar durante 2 minutos antes de servir. Acompañar con verduras al vapor. **Porciones 4**

RISOTTO DE MARISCOS

Ingredientes

3 cucharadas de aceite de oliva

2 dientes de ajo, machacados

1 chile rojo, sin semillas, picado

500g de filetes de pescado blanco, en trozos de 2.5cm

500g de mariscos surtidos, como camarones, calamares y callos de hacha

2 cebollas, rebanadas

2 tazas de arroz Arborio o de grano corto

¾ taza de vino blanco

2 hojas de laurel

2 papas, peladas, cortadas en cubos

2 papas hervidas, cortadas en rebanadas finas

2 tallos de apio, rebanados

3⅓ tazas de caldo de pescado, hirviendo

2 jitomates Saladet grandes, picados

½ taza de crema espesa

1 racimo de perejil, picado

Preparación

1 En una sartén grande calentar 2 cucharadas del aceite de oliva, saltear el ajo, el chile y los trozos de pescado hasta que estén opacos. Retirar con una cuchara coladora y mantener calientes. Añadir los crustáceos a la misma sartén y saltear hasta que estén cocidos y cambien de color, aproximadamente 3 minutos. Retirar la sartén del fuego, incorporar el pescado de nuevo y mezclar ligeramente. Reservar.

2 En otra sartén grande calentar el resto del aceite y saltear las cebollas. Añadir el arroz y revolver hasta que el arroz se ponga transparente. Añadir el vino y hervir a fuego lento hasta que el líquido se evapore. Agregar las hojas de laurel, las papas en cubos y el apio con una taza de caldo. Revolver bien para mezclar. Una vez que el caldo se absorba añadir otra taza de caldo. Repetir hasta que se añada todo el caldo.

3 Agregar los jitomates picados y la mitad del perejil. Retirar el sartén del fuego cuando se hayan añadido todos los ingredientes y se haya absorbido casi todo el caldo, retirar las hojas de laurel y agregar todos los mariscos. Repartir las papas hervidas en 6 tazones para servir y colocar el risotto encima, decorar con el resto del perejil y un poco de paprika. **Porciones 6**

PESCADO Y PAPAS FRITAS CON SALSA TÁRTARA

Ingredientes

90g de harina común

½ cucharadita de sal

1 cucharada de aceite vegetal

4 papas grandes, cortadas como papas a la francesa

Aceite para freír

1 clara de huevo grande

4 filetes de pescado blanco, de 170g cada uno

Salsa tártara

¾ mayonesa

1 cucharada de alcaparras, coladas y picadas

1 pepinillo, picado

¼ taza de perejil, picado

1 chalote (parecido al ajo, pero con dientes más grandes), finamente picado

Preparación

1 Para hacer la salsa, en un tazón mezclar la mayonesa, las alcaparras, el pepinillo, el perejil y el chalote. Tapar y refrigerar.

2 En un tazón mezclar la harina, la sal y el aceite con ½ taza de agua fría.

3 Sumergir las papas en un recipiente con agua fría, colar y secar sobre papel absorbente. Verificar que el aceite esté muy caliente —debe saltar al introducir una papa—. Freír las papas en 3 o 4 tandas durante 5–7 minutos por tanda, hasta que estén doradas y cocidas. Colar y escurrir sobre papel absorbente, mantener calientes.

4 Batir la clara de huevo hasta que esté firme e incorporar a la mezcla de harina. Reducir un poco el fuego y colocar una cucharada de la mezcla en el aceite —debe formar burbujas y salir de inmediato a la superficie—. Sumergir los trozos de pescado en la mezcla, cubrirlos bien, y freír de 5 a 7 minutos, hasta que estén crujientes y dorados, escurrir sobre papel absorbente, espolvorear con sal y servir con las papas y la salsa tártara. **Porciones 4**

ATÚN NICOISE

Ingredientes

170g de ejotes, en trozos de 8cm
4 cucharadas de aceite de oliva
4 filetes de atún, de 170g cada uno y 2.5cm de grosor
Sal y pimienta negra recién cocida
1 pimiento rojo, sin semillas, picado
12 tomates cherry, en mitades
16 aceitunas negras, sin hueso
1 cucharada de vinagre balsámico
¼ taza de perejil

Preparación

1 En una cacerola con agua salada hirviendo cocer los ejotes de 3 a 5 minutos, hasta que estén tiernos pero firmes. Colar, refrescar bajo el chorro de agua fría y reservar. En un tazón colocar 2 cucharadas del aceite, añadir el atún y bañarlo con el aceite, sazonar ligeramente.

2 Calentar una sartén grande de base gruesa a fuego alto, colocar el atún y freír durante 1 minuto por lado. Reducir el fuego y freír durante 1 o 2 minutos por lado, hasta que los filetes estén un poco dorados. Reservar.

3 En la sartén calentar el resto del aceite y saltear el pimiento rojo durante 1 minuto o hasta que se suavice. Añadir los ejotes, los tomates y las aceitunas, saltear revolviendo durante 1 minuto para calentar bien. Retirar de la sartén, verter el vinagre y mover para desglasar la sartén. Servir el atún con el pimiento y la mezcla del vinagre. **Porciones 4**

FILETES DE BACALAO CON QUESO CHEDDAR Y TOMATE

Ingredientes

150g de queso cheddar, rallado
4 cucharaditas de mostaza de grano entero
4 cucharadas de crème fraîche o crema fresca
4 piezas de bacalao, de 170g cada una
Sal y pimienta negra recién molida
3 jitomates Saladet, rebanados

Preparación

1 Precalentar el horno a 200°C y engrasar con mantequilla 4 platos individuales para horno.

2 Mezclar el queso cheddar, la mostaza y la crème fraîche. Colocar una pieza de pescado en cada plato y sazonar ligeramente. Colocar las rebanadas de tomate encima y después la mezcla del queso.

3 Hornear en la parte superior del horno durante 25 minutos, hasta que el queso se haya derretido y el pescado esté firme y bien cocido. **Porciones 4**

ATÚN NICOISE

MEJILLONES NEGROS CON CHAMPIÑONES Y BRANDY

Ingredientes

30g de mantequilla

½ cebolla, finamente picada

1 diente de ajo, machacado

150g de champiñones silvestres, finamente rebanados

1kg de mejillones negros, limpios, sin barbas

½ taza de vino blanco

Sal y pimienta negra recién molida

2 cucharadas de crema espesa

2 cucharadas de brandy

8 ramitas de perejil fresco, picadas

Preparación

1 En una cacerola colocar la mantequilla, la cebolla, el ajo y los champiñones y saltear a fuego alto durante 5 minutos. Añadir los mejillones, el vino blanco y sazonar. Cocer hasta que los mejillones se abran, mover frecuentemente. Desechar los mejillones que no se abran.

2 Agregar la crema y revolver durante 30 segundos. Añadir el brandy y cocer durante 1 minuto más.

3 Servir de inmediato con una pizca de perejil picado encima. **Porciones 4**

MEJILLONES MARINIÈRES

Ingredientes

1kg de mejillones, limpios

1 cebolla pequeña, rebanada

1 tallo de apio, rebanado

1 diente de ajo, picado

¼ taza de vino blanco

Pimienta negra recién molida

15g de mantequilla

¼ taza de perejil, picado

Preparación

1 En una cacerola colocar los mejillones con la cebolla, el apio, el ajo y el vino.

2 Cocer hasta que los mejillones se abran, moviendo frecuentemente para que se cuezan parejos.

3 Sazonar con pimienta, añadir la mantequilla y el perejil, revolver. Servir de inmediato con pan crujiente. **Porciones 4**

ALMEJAS PROVENZAL

Ingredientes

¼ taza de aceite de oliva extra virgen
1 cebolla, finamente picada
1 pimiento rojo, rebanado
4 jitomates Saladet, picados
½ tallo de apio, rebanado
2 dientes de ajo, picados
1kg de almejas, limpias
¾ taza de vino blanco seco
8 ramitas de romero, sin hojas, picadas
Sal y pimienta negra recién molida

Preparación

1 En una cacerola grande colocar el aceite, la cebolla, el pimiento, los jitomates, el apio y el ajo, saltear a fuego alto durante 5 minutos, revolver ocasionalmente para que no se pegue.

2 Agregar las almejas, el vino blanco, el romero y sazonar, tapar y cocer hasta que las conchas se abran. Revolver frecuentemente para que se cuezan parejo.

3 Cuando las almejas estén abiertas servir en platos grandes con ensalada o una baguete asada. **Porciones 4**

CAMARONES CON MANTEQUILLA DE ALBAHACA

Ingredientes

8 camarones o cangrejos de río, sin cabezas

Mantequilla de albahaca

90g de mantequilla

¼ taza de albahaca fresca, picada

1 diente de ajo, machacado

2 cucharaditas de miel

Preparación

1 Cortar los camarones por la mitad a lo largo.

2 Para hacer la mantequilla, en un tazón pequeño colocar la mantequilla, la albahaca, el ajo y la miel, mover para mezclar.

3 Barnizar el lado del corte de cada camarón con la mantequilla de albahaca y asar en la parrilla precalentada durante 2 minutos o hasta que cambien de color y estén suaves. Bañar con el resto de la mantequilla de albahaca y servir de inmediato. **Porciones 4**

CALLOS DE HACHA A LA PARRILLA CON SALSA DE PIÑA

Ingredientes

30 callos de hacha

½ taza de aceite de chile o de limón

Salsa de piña

120g de piña, picada

¼ de pimiento rojo, finamente picado

2 chiles verdes medianos, picados

¼ taza de hojas de cilantro

¼ taza de hojas de menta

1 cucharada de jugo de limón verde

Preparación

1 Para hacer la salsa, en un tazón colocar la piña, el pimiento rojo, los chiles, el cilantro, la menta y el jugo de limón, revolver para mezclar, dejar reposar durante 20 minutos.

2 Barnizar los callos con el aceite y saltear durante 30 segundos por cada lado sobre un platón para parrilla precalentada, o hasta que cambien de color. Servir de inmediato con la salsa y totopos. **Porciones 4**

CALAMARES FRITOS CON LIMÓN

Ingredientes

680g de tubos de calamar
½ taza de sémola fina
1 cucharadita de sal
1 cucharadita de pimienta negra recién molida
1 taza de aceite de oliva
1 limón, en gajos

Preparación

1 Cortar los tubos de calamar por un lado a lo largo. Con un cuchillo filoso hacer cortes diagonales en ambas direcciones en la carne interior. Cortar los calamares en rectángulos de 2 x 4 cm.

2 En un tazón combinar la sémola, la sal y la pimienta.

3 En una sartén grande o wok calentar el aceite. Cubrir los calamares con la sémola y freír en tandas hasta que estén ligeramente dorados y crujientes. Escurrir sobre papel absorbente y servir con rodajas de limón.
Porciones 4

CAMARONES BRASEADOS CON COL CHINA

Ingredientes

750g de camarones crudos, sin vena, pelados
1 cucharada de jerez seco
1 cucharadita de maicena
3 cucharaditas de salsa de soya
5 cucharadas de aceite
12 chícharos chinos
1 col china
½ cucharadita de sal
½ cucharadita de azúcar
1 cucharadita de aceite de ajonjolí

Preparación

1 En un tazón colocar los camarones con el jerez, la maicena y 1 cucharadita de salsa de soya. Mezclar bien, tapar y enfriar durante 30 minutos por lo menos.

2 En un wok calentar 4 cucharadas de aceite, saltear los camarones hasta que cambien de color, retirar del wok. Añadir el resto del aceite al wok y saltear las verduras durante 2 minutos.

3 Devolver los camarones al wok, añadir la sal, el azúcar, el aceite de ajonjolí y el resto de la salsa de soya. Revolver hasta que se caliente bien, servir de inmediato. **Porciones 4**

CURRY DE LANGOSTINOS

Ingredientes

2 tazas de leche de coco
1 cucharadita de pasta de camarón
2 cucharadas de pasta de curry verde
1 ramita de limoncillo fresco, machacada
2 chiles verdes frescos, picados
1 cucharada de comino molido
1 cucharada de cilantro molido
500g de langostinos, pelados, sin vena, con colas
3 pepinos, en mitades, rebanados
225g de brotes de bambú, colados
1 cucharada de concentrado de tamarindo disuelto en 3 cucharadas de agua caliente

Preparación

1 En un wok colocar la leche de coco, la pasta de camarón, la pasta de curry, el limoncillo, el chile, el comino y el cilantro y dejar que suelte el hervor a fuego medio. Cocinar a fuego lento durante 10 minutos, revolver ocasionalmente.

2 Incorporar los langostinos, los pepinos, los brotes de bambú y la mezcla de tamarindo a la mezcla del coco, cocer revolviendo ocasionalmente, durante 5 minutos o hasta que los camarones estén cocidos. Retirar el limoncillo y servir. **Porciones 4**

LANGOSTINOS CON MANTEQUILLA DE CILANTRO

Ingredientes

¼ taza de aceite de oliva
1 racimo de cilantro, picado
2 dientes de ajo, machacados
Sal y pimienta negra recién molida
2 ½ cucharadas de jugo de limón amarillo
750g de langostinos, pelados, sin vena, con colas
¼ taza de vino blanco
¼ taza de vermut
1 cucharada de vinagre de vino blanco
1 cebolla de cambray, picada
90g de mantequilla
225g de chícharos chinos
½ pimiento rojo, en tiras finas
120g de champiñones shimeji

Preparación

1 En un tazón colocar el aceite, la mitad del cilantro, el ajo, sal y 2 cucharadas del jugo de limón. Añadir los langostinos, revolver y dejar marinar de 1 a 2 horas.

2 Para hacer la mantequilla de cilantro, en una sartén colocar el vino, el vermut, el vinagre y las cebollas de cambray. Dejar que suelte el hervor y que reduzca a 3 cucharadas aproximadamente. A fuego lento añadir la mantequilla en trozos pequeños hasta que la salsa espese. Sazonar con el resto del jugo de limón, sal y pimienta, añadir el resto del cilantro y revolver.

3 En una cacerola hervir agua salada. Calentar una sartén grande y saltear los langostinos durante 2 minutos. Mientras cocer los chícharos chinos, el pimiento y los champiñones en la cacerola con agua hirviendo durante 1 minuto.

4 Colar y colocar las verduras en la sartén con los langostinos. Repartir los langostinos en 4 platos para servir, recalentar la mantequilla de cilantro y verterla sobre los platos. **Porciones 4**

CAMARONES FRITOS CON CHILE

Ingredientes

1 cucharadita de aceite vegetal
1 cucharadita de aceite de ajonjolí
3 dientes de ajo, machacados
3 chiles frescos, picados
1kg de camarones, sin piel, sin vena
1 cucharada de azúcar morena
⅓ taza de jugo de tomate
1 cucharada de salsa de soya

Preparación

1 En un wok calentar a fuego medio el aceite vegetal y el de ajonjolí, añadir el ajo y los chiles, freír revolviendo durante 1 minuto. Agregar los camarones y freír revolviendo durante 2 minutos más o hasta que cambien de color.

2 Incorporar el azúcar, el jugo de tomate y la salsa de soya, freír revolviendo durante 3 minutos o hasta que la salsa esté bien caliente. Servir de inmediato con hojas de rúcula. **Porciones 4**

TACOS DE CAMARÓN

Ingredientes

2 cucharaditas de aceite vegetal
1 cebolla, picada
2 jitomates Saladet, picados
370g de pescado blanco, cortado en cubos
250g de camarones medianos crudos, pelados, sin vena
12 callos de hacha
3 chiles verdes frescos, picados
8 ramitas de romero, sin hojas, picadas
Ralladura de ½ limón amarillo
8 tortillas de harina, calientes
150g de queso feta, desmenuzado

Preparación

1 En una sartén calentar el aceite a fuego alto, añadir la cebolla y freír durante 4 minutos o hasta que esté dorada. Agregar los jitomates y freír durante 5 minutos. Añadir el pescado, los camarones, los callos, los chiles, el orégano y la ralladura de limón, cocinar revolviendo constantemente de 3 a 4 minutos o hasta que los mariscos y el pescado estén cocidos.

2 Para servir, colocar el relleno en el centro de cada tortilla y espolvorear con queso feta. Doblar la tortilla para encerrar el relleno y servir de inmediato. **Porciones 4**

LANGOSTINOS PICANTES CON TOMATES DESHIDRATADOS

Ingredientes

3 cucharadas de aceite de oliva
1kg de langostinos crudos, pelados, sin vena, con colas
1 cucharada de pasta de tomate
2 cucharaditas de azúcar morena
2 dientes de ajo, machacados
1 cucharada de salsa de chile
¼ taza de cilantro, picado
75g de tomates deshidratados, colados
1 cucharada de jugo de limón verde, fresco
25g de brotes de chícharos

Preparación

1 En una sartén calentar el aceite a fuego medio. Colocar los langostinos y saltear durante 1 minuto por lado. Retirar los langostinos con una cuchara coladora, reservar.

2 Agregar a la sartén la pasta de tomate, el azúcar, el ajo, la salsa de chile y el cilantro, cocinar durante 1 minuto.

3 Regresar los langostinos a la sartén y agregar los tomates deshidratados. Revolver los langostinos con la salsa y rociar jugo de limón. Colocar los langostinos en un platón para servir, acompañar con brotes de chícharos. **Porciones 4**

CAMARONES CON CARNE DE RES Y NOODLES

Ingredientes

150g de fideos de arroz (noodles)
1 cucharada de aceite de cacahuate
2 dientes de ajo, machacados
250g de carne de res picada, magra
250g de camarones, pelados, sin vena
2 cucharadas de azúcar extrafina
2 cucharadas de vinagre blanco
1 cucharada de salsa de pescado
1 chile fresco, finamente picado
2 huevos, ligeramente batidos
120g de germen de soya
1 zanahoria grande, rallada
½ taza de cilantro fresco, picado
2 cucharadas de almendras blanqueadas, picadas

Preparación

1 En un tazón colocar los fideos, cubrir con agua hirviendo y dejar reposar durante 8 minutos. Colar bien.

2 En un wok o sartén grande a fuego alto calentar el aceite y el ajo, añadir la carne de res y freír revolviendo de 2 a 3 minutos o hasta que tome color café. Agregar los camarones y freír revolviendo durante 1 minuto. Incorporar el azúcar, el vinagre, la salsa de pescado y el chile, dejar que suelte el hervor, revolver constantemente.

3 Añadir los huevos y seguir revolviendo hasta que se cuezan. Agregar el germen de soya, la zanahoria y los fideos, mezclar. Para servir espolvorear el cilantro y las almendras. **Porciones 4**

CALLOS DE HACHA Y BROCHETAS DE LANGOSTINOS

Ingredientes

6 langostinos crudos, pelados y sin vena

500g de callos de hacha

1 cebolla grande, cortada en octavos

1 cucharada de aceite de oliva

2 cucharadas de vino blanco

4 ramitas de eneldo fresco, picadas

4 ramitas de perejil fresco, picadas

¼ racimo de cebollín fresco, picado

2 dientes de ajo, machacados

Ralladura de 1 limón verde

2 cucharadas de jugo de limón verde

Pimienta negra recién molida

Preparación

1 Remojar en agua 6 brochetas de bambú durante 30 minutos. Insertar los langostinos, los callos y la cebolla en las brochetas.

2 En un platón mezclar el aceite, el vino, el eneldo, el perejil, el cebollín, el ajo, la ralladura y el jugo de limón. Sazonar al gusto con pimienta. Añadir las brochetas y marinar durante 1 hora.

3 Retirar las brochetas de la marinada y asar de 2 a 3 minutos por lado, voltear y barnizar con la marinada frecuentemente. Servir de inmediato. **Porciones 6**

NOODLES SINGAPUR

Ingredientes

500g de noodles o fideos de huevo, frescos

2 cucharaditas de aceite vegetal

2 huevos, ligeramente batidos

1 cucharadita de aceite de ajonjolí

1 cebolla, picada

1 pimiento rojo, picado

2 dientes de ajo, machacados

1 chile rojo fresco, picado

8 camarones grandes, pelados, sin vena

250g de carne de cerdo, en rebanadas finas

6 cebollas de cambray, rebanadas

¼ taza de hojas de cilantro

1 cucharadita de azúcar

1 cucharadita de azafrán

½ cucharadita de comino molido

2 cucharadas de salsa de soya

Preparación

1 En una cacerola con agua hirviendo colocar los noodles y dejar reposar durante 5 minutos. Colar y reservar.

2 En un wok a fuego medio calentar el aceite, añadir los huevos, ladear el wok para cubrir la base y los lados con el huevo. Dejar durante 2 minutos o hasta que esté cocido. Retirar el omelette del wok, dejar enfriar, enrollar y cortar en tiras delgadas.

3 En un wok limpio calentar el aceite a fuego alto, añadir la cebolla, el pimiento rojo, el ajo y el chile, freír revolviendo durante 3 minutos. Agregar los camarones y el cerdo, freír revolviendo durante 3 minutos más.

4 Añadir los noodles, el huevo, las cebollas de cambray, el azúcar, el azafrán, el comino y la salsa de soya, freír revolviendo durante 3 minutos o hasta que esté bien caliente. Servir de inmediato. **Porciones 4**

PIZZA DE CAMARONES CON CHILE

Ingredientes

1 base de pizza
3 cucharadas de pasta de tomate
2 cucharaditas de aceite vegetal
1 cucharada de comino molido
3 chiles rojos frescos, sin semillas, picados
2 dientes de ajo, machacados
2 cucharadas de jugo de limón amarillo
500g de camarones crudos, pelados y sin vena
1 pimiento rojo, rebanado
1 pimiento amarillo o verde, rebanado
20g de queso parmesano, rallado
Pimienta negra recién molida

Preparación

1 Precalentar el horno a 250°C. En una charola para horno ligeramente engrasada colocar la base de la pizza, esparcir la pasta de tomate, reservar.

2 En una sartén a fuego medio calentar el aceite, añadir el comino, los chiles y el ajo, saltear revolviendo durante 1 minuto.

3 Añadir el jugo de limón y los camarones, saltear durante 3 minutos más o hasta que los camarones cambien de color y estén casi cocidos.

4 Colocar los pimientos, la mezcla de los camarones, el cilantro, el queso parmesano y la pimienta negra sobre la pizza. Hornear durante 15 minutos o hasta que la base esté crujiente y dorada. **Porciones 4**

TAGLIATELLE DE CAMARONES

Ingredientes

340g de tallarines secos
3 cucharadas de aceite de oliva
2 dientes de ajo, machacados
1 chile rojo, sin semillas, picado
Ralladura de 1 limón amarillo
300g de carne de cangrejo
¾ taza de crema espesa
1 cucharada de jugo de limón
Sal y pimienta negra recién molida
¼ taza de perejil fresco, picado

Preparación

1 En una cacerola hervir agua con sal, añadir los tallarines y cocer durante 8 minutos o hasta que estén suaves, pero el centro esté firme. Colar, reservar y mantener calientes.

2 En una sartén grande de base gruesa calentar el aceite de oliva y freír a fuego lento el ajo, el chile y la ralladura de limón de 3 a 4 minutos, hasta que el ajo esté suave, pero no dorado. Añadir la carne de cangrejo, la crema y el jugo de limón, cocinar a fuego lento de 1 a 2 minutos para calentar bien. Sazonar al gusto.

3 Repartir los tallarines en platos individuales. Servir encima la mezcla de cangrejo, espolvorear con perejil y servir de inmediato. **Porciones 4**

CALLOS DE HACHA CON CALABACITAS ITALIANAS EN MANTEQUILLA DE MANZANA

Ingredientes

2 calabacitas italianas, en rebanadas de 2.5cm
8 callos de hacha grandes, con el coral
1 cucharada de aceite de oliva
Sal y pimienta negra recién molida
⅓ taza de jugo de manzana
30g de mantequilla
¼ taza de hojas de perejil

Preparación

1 Barnizar ligeramente las calabacitas y los callos con aceite y sazonar.

2 Calentar una sartén grande de base gruesa, cuando esté caliente colocar las calabacitas y saltear durante 2 minutos por un lado. Voltear y añadir los callos a la sartén. Saltear durante 1 minuto, voltear los callos. Saltear durante 1 minuto más, hasta que los callos estén dorados y las rebanadas de calabacitas tomen color café.

3 Retirar las calabacitas y los callos de la sartén, mantenerlos calientes. Verter el jugo de manzana a la sartén, añadir la mantequilla y cocinar hasta que se reduzca y se obtenga una salsa espesa. Verter sobre los callos y las calabacitas, decorar con perejil. **Porciones 4**

glosario

Aceite de ajonjolí tostado (también llamado aceite de ajonjolí oriental): aceite oscuro poliinsaturado con punto de ebullición bajo. No debe reemplazarse por aceite más claro.

Aceite de cártamo: aceite vegetal que contiene la mayor proporción de grasas poliinsaturadas.

Aceite de oliva: diferentes grados de aceite extraído de las aceitunas. El aceite de oliva extra virgen tiene un fuerte sabor afrutado y el menor grado de acidez. El aceite de oliva virgen es un poco más ácido y con un sabor más ligero. El aceite de oliva puro es una mezcla procesada de aceites de oliva, tiene el mayor grado de acidez y el sabor más ligero.

Acremar: hacer suave y cremoso al frotar con el dorso de una cuchara o al batir con una batidora. Por lo general se aplica a la grasa y al azúcar.

Agua acidulada: agua con un ácido añadido, como jugo de limón o vinagre, que evita la decoloración de los ingredientes, en particular de la fruta o las verduras. La proporción de ácido con agua es 1 cucharadita por cada 300ml

A la diabla: platillo o salsa ligeramente sazonado con un ingrediente picante como mostaza, salsa inglesa o pimienta de Cayena.

Al dente: término italiano para cocinar que se refiere a los ingredientes cocinados hasta que estén suaves pero firmes al morderlos, por lo general se aplica para la pasta.

Al gratín: alimentos espolvoreados con pan molido, por lo general cubiertos de una salsa de queso que se dora hasta que se forma una capa crujiente.

Amasar: trabajar la masa usando las manos, aplicando presión con palma de la mano, y estirándola y doblándola.

Américaine: método para servir pescados y mariscos, por lo general langostas y rapes, en una salsa de aceite de oliva, hierbas aromáticas, tomates, vino tinto, caldo de pescado, brandy y estragón.

Anglaise: estilo de cocinar que se refiere a platillos cocidos simples, como verduras hervidas. Assiette anglaise es un plato de carne cocida fría.

Antipasto: término italiano que significa "antes de la comida", se refiere a una selección de carnes frías, verduras, quesos, por lo general marinados, que se sirven como entremés. Un antipasto típico incluye salami, prosciutto, corazones de alcachofa marinados, filetes de anchoas, aceitunas, atún y queso provolone.

Asafétida: planta herbácea perenne nativa de Irán. La savia seca se usa como especia. Tiene un sabor parecido a la cebolla y al ajo.

Bañar: humedecer la comida durante la cocción vertiendo o barnizando líquido o grasa.

Baño María: una cacerola dentro de una sartén grande llena de agua hirviendo para mantener los líquidos en punto de ebullición.

Batir: agitar vigorosamente. Mover rápidamente para incorporar aire y provocar que el ingrediente se expanda.

Beurre manié: cantidades iguales de mantequilla y harina amasadas y añadidas, poco a poco, para espesar un caldo.

Blanc: líquido que se hace al añadir harina y jugo de limón al agua para evitar que ciertos alimentos se decoloren durante la cocción.

Blanquear: sumergir en agua hirviendo y después, en algunos casos, en agua fría. Las frutas y las nueces se blanquean para quitarles la piel con mayor facilidad.

Blanquette: estofado blanco de cordero, ternera o pollo cubiertos de yemas de huevo y crema, acompañado de cebolla y champiñones.

Bonne femme: platos cocinados al tradicional estilo francés del "ama de casa". El pollo y el cerdo bonne femme se acompañan de tocino, papas y cebollas baby; el pescado bonne femme con champiñones en una salsa de vino blanco.

Bouquet garni: un conjunto de hierbas, por lo general de ramitas de perejil, tomillo, mejorana, romero, una hoja de laurel, granos de pimienta y clavo en un pequeño saco que se utiliza para dar sabor a estofados y caldos.

Brasear: cocer piezas enteras o grandes de aves, animales de caza, pescados, carnes o verduras en una pequeña cantidad de vino, caldo u otro líquido en una cacerola cerrada. El ingrediente principal se fríe primero en grasa y se cuece al horno o sobre la estufa. Esta técnica es ideal para carnes duras y aves maduras, produce una rica salsa.

Caldo: líquido que resulta de cocer carnes, huesos y/o verduras en agua para hacer una base para sopas y otras recetas. Se puede sustituir el caldo fresco por caldo en cubitos, aunque es necesario verificar el contenido de sodio para las dietas reducidas en sal.

Calzone: paquetito semicircular de masa para pizza relleno de carne o verduras, sellado y horneado.

Caramelizar: derretir el azúcar hasta que forme un jarabe dorado-café.

Carne magra: la grasa y los cartílagos son retirados de la carne de un hueso y la carne queda virtualmente sin grasa.

Cernir: pasar una sustancia seca en polvo por un colador para retirar grumos y que sea más ligera.

Chasseur: término francés que significa "cazador". Es un estilo de platillo en el que se cuecen carnes y pollos con champiñones, cebollas de cambray, vino blanco y tomate.

Concasser: picar grueso, por lo general se refiere a tomates.

Confitar: significa preservar, alimentos en conserva al cocerlos de manera muy lenta hasta que estén tiernos. En el caso de la carne como la carne de pato o de ganso, se cuece en su propia grasa para que la carne no entre en contacto con el aire. Algunas verduras como la cebolla se hacen confitadas.

Consomé: sopa ligera hecha, por lo general, de res.

Couli: puré ligero hecho de frutas o verduras frescas o cocidas, con la consistencia suficiente para ser vertido. Su consistencia puede ser rugosa o muy suave.

Crepa: mezcla dulce o salada con forma de disco plano.

Crudités: verduras crudas cortadas en rebanadas o tiras para comer solas o con salsa, o verduras ralladas como ensalada con un aderezo sencillo.

Crutones: pequeños cubos de pan tostados o fritos.

Cuajar: hacer que la leche o una salsa se separe en sólido y líquido, por ejemplo, mezclas de huevo sobrecocidas.

Cubrir: forrar con una ligera capa de harina, azúcar, nueces, migajas, semillas de ajonjolí o de amapola, azúcar con canela o especias molidas.

Cuscús: cereal procesado a partir de la sémola, tradicionalmente se hierve y se sirve con carne y verduras, es el típico platillo del norte de África.

Decorar: adornar la comida, por lo general se usa algo comestible.

Derretir: calentar hasta convertir en líquido.

Desglasar: disolver el jugo de cocción solidificado en la sartén al añadirle líquido, raspar y mover vigorosamente mientras el líquido suelta el hervor. Los jugos de cocción se pueden usar para hacer gravy o para añadirse a la salsa. Retirar la grasa de la superficie de un líquido. Si es posible, el líquido debe estar frío para que la grasa esté sólida. En caso contrario, retirar la grasa con una cuchara grande de metal y pasar un pedazo de papel absorbente por la superficie del líquido para retirar los restos.

Desmenuzar: separar en pequeños trocitos con un tenedor.

Despiezar: cortar las aves, animales de caza o animales pequeños en piezas divididas en los puntos de las articulaciones.

Disolver: mezclar un ingrediente seco con líquido hasta que se absorba.

Emulsión: mezcla de dos líquidos que juntos son indisolubles, como el agua y el aceite.

En cubos: cortar en piezas con seis lados iguales.

Engrasar: frotar o barnizar ligeramente con aceite o grasa.

Ensalada mixta: guarnición de verduras, por lo general zanahorias, cebollas, lechuga y jitomate.

Entrada: en Europa significa aperitivo, en Estados Unidos significa plato principal.

Escaldar: llevar justo al punto de ebullición, por lo general se usa para la leche. También significa enjuagar en agua hirviendo.

Espesar: hacer que un líquido sea más espeso al mezclar arrurruz, maicena o harina en la misma cantidad de agua fría y verterla al líquido caliente, cocer y revolver hasta que espese.

Espolvorear: esparcir o cubrir ligeramente con harina o azúcar glas.

Espumar: retirar una superficie (por lo general, de impurezas) de un líquido, usando una cuchara o pala pequeña.

Fenogreco: pequeña hierba de la familia del chícharo. Sus semillas se usan para sazonar. El fenogreco molido tiene un fuerte sabor dulce, como a maple picante y amargo, su aroma es de azúcar quemada.

Fibra dietética: parte de algunos alimentos que el cuerpo humano no digiere o lo hace parcialmente y que promueve la sana digestión de otras materias alimenticias.

Filete: corte especial de la res, cordero, cerdo, ternera, pechuga de aves, pescado sin espinas cortado a lo largo.

Fileteado: rebanado en trozos largos y delgados, se refiere a las nueces, en especial a las almendras.

Flamear: prender fuego al alcohol sobre la comida.

Fondo: líquido en el que el pescado, las aves o la carne es cocido. Consiste en agua con hojas de laurel, cebolla, zanahoria, sal y pimienta negra recién molida. Entre otros ingredientes se incluyen vino, vinagre, caldo, ajo o cebollas de cambray.

Forrar: cubrir el interior de un recipiente con papel para proteger o facilitar del desmolde.

Freír: cocer en una pequeña cantidad de grasa hasta que dore.

Freír revolviendo: cocer rebanadas delgadas de carne y verduras a fuego alto con una pequeña cantidad de aceite, sin dejar de revolver. Tradicionalmente se fríe en un wok, aunque se puede usar una sartén de base gruesa.

Fricassée: platillo que incluye aves, pescado o verduras con salsa blanca o veloute. En Gran Bretaña y

Estados Unidos, el nombre se aplica a un antiguo platillo de pollo en una salsa cremosa.
Frotar: método para incorporar grasa con harina usando sólo las puntas de los dedos. También incorpora aire a la mezcla.
Galangal: miembro de la familia del jengibre conocido popularmente como jengibre de Laos. Tiene un ligero sabor a pimienta con matices de jengibre.
Ganache: relleno o glasé hecho de crema entera, chocolate y/u otros sabores que se usa para cubrir las capas de algunos pasteles de chocolate.
Glaseado: cubierta delgada de huevo batido, jarabe o gelatina que se barniza sobre galletas, frutas o carnes cocidas.
Gluten: proteína de la harina que se desarrolla al amasar la pasta y la hace elástica.
Grasa poliinsaturada: uno de los tres tipos de grasas que se encuentran en la comida. Se encuentra en grandes cantidades en aceites vegetales como el aceite de cártamo, de girasol, de maíz y de soya. Este tipo de grasa disminuye el nivel de colesterol en la sangre.
Grasa total: ingesta diaria individual de los tres tipos de grasa descritos. Los nutriólogos recomiendan que la grasa aporte no más del 35 por ciento de la energía diaria de la dieta.
Grasas monoinsaturadas: uno de los tres tipos de grasas que se encuentran en los alimentos. Se cree que este tipo de grasas no eleva el nivel de colesterol en la sangre.
Grasas saturadas: uno de los tres tipos que encontramos en los alimentos. Existen en grandes cantidades en productos animales, en aceites de coco y palma. Aumentan los niveles de colesterol en la sangre. Puesto que los niveles altos de colesterol causan enfermedades cardiacas, el consumo de grasas saturadas debe ser menor al 15 por ciento de la ingesta diaria de calorías.
Gratinar: platillo cocido al horno o bajo la parrilla de manera que desarrolla una costra color café. Se hace espolvoreando queso o pan molido sobre el platillo antes de hornear. La costra gratinada queda muy crujiente.
Harina sazonada: harina a la que se añade sal y pimienta.
Hervir a fuego lento: cocer suavemente la comida en líquido que burbujea de manera uniforme justo antes del punto de ebullición para que se cueza parejo y que no se rompa.
Hojas de parra: hojas tiernas de vid, con sabor ligero, que se usan para envolver mezclas. Las hojas deben lavarse bien antes de usarse.
Humedecer: devolver la humedad a los alimentos deshidratados al remojarlos en líquido.
Incorporar ligeramente: combinar moderadamente una mezcla delicada con una mezcla más sólida, se usa una cuchara de metal.
Infusionar: sumergir hierbas, especias u otros saborizantes en líquidos calientes para darle sabor. El proceso tarda de 2 a 5 minutos, dependiendo del sabor. El líquido debe estar muy caliente sin que llegue a hervir.
Juliana: cortar la carne en tiras del tamaño de un cerillo.
Laqueado: azúcar caramelizada desglasada con vinagre que se usa en las salsas de múltiples sabores para platillos como pato a la naranja.
Licuar: mezclar completamente.
Macerar: remojar alimentos en líquido para ablandarlos.
Mantequilla clarificada: derretir la mantequilla y separar el aceite del sedimento.
Mantequilla clarificada por ebullición: proceso que consiste en separar la mantequilla (sólido y líquido) al hervirla.
Marcar: hacer cortes superficiales en la comida para evitar que se curve o para hacerla más atractiva.
Marinada: líquido sazonado, por lo general es una mezcla aceitosa y ácida, en el que se remojan los alimentos para suavizarlos y darles más sabor.
Marinar: dejar reposar los alimentos en una marinada para sazonarlos y suavizarlos.
Marinara: estilo "marinero" italiano de cocinar que no se refiere a ninguna combinación especial de ingredientes. La salsa marinara de tomate para pasta es la más común.
Mariposa: corte horizontal en un alimento de manera que, al abrirlo, queda en forma de alas de mariposa. Los filetes, los langostinos y los pescados gruesos por lo general se cortan en mariposa para que se cuezan más rápido.
Mechar: introducir. Por ejemplo, introducir clavos al jamón horneado.
Mezclar: combinar los ingredientes al revolverlos.
Molde: pequeño recipiente individual para hornear de forma oval o redonda.
Nicoise: clásica ensalada francesa que consiste en tomates rojos, ajo, aceitunas negras, anchoas, atún y judías.
Noisette: pequeña "nuez" de cordero cortada del lomo o costillar que se enrolla y se corta en rebanadas. También significa dar sabor con avellanas o mantequilla cocida hasta que se obtenga un color café avellana.
Normande: estilo para cocinar pescado con acompañamiento de camarones, mejillones y champiñones en vino blanco o salsa cremosa; para aves y carnes con una salsa con crema, brandy calvados y manzana.
Pan naan: pan ligeramente fermentado que se utiliza en la cocina india.
Papillote: cocer la comida en papel encerado o papel de aluminio barnizado con grasa o mantequilla. También se refiere a la decoración que se coloca para cubrir los extremos de las patas de las aves.
Paté: pasta hecha de carne o mariscos que se usa para untar sobre pan tostado o galletas.
Paupiette: rebanada delgada de carne, aves o pescado untada con un relleno y enrollada. En Estados Unidos se le llama "bird" y en Gran Bretaña "olive".
Pelar: quitar la cubierta exterior.
Picar fino: cortar en trozos muy pequeños.
Pochar: hervir ligeramente en suficiente líquido caliente para que cubra al alimento, con cuidado de mantener su forma.
Puré: pasta suave de verduras o frutas que se hace al pasar los alimentos por un colador, licuarlos o procesarlos.
Quemar las plumas: flamear rápidamente las aves para eliminar los restos de las plumas después de desplumar.
Rábano daikon: rábano japonés que es blanco y largo.
Ragú: tradicionalmente, cocido sazonado que contiene carne, verduras y vino. Hoy en día se aplica el término a cualquier mezcla cocida.
Ralladura: delgada capa exterior de los cítricos que contiene el aceite cítrico. Se obtiene con un pelador de verduras o un rallador para separarla de la cubierta blanca debajo de la cáscara.
Reducir: cocer a fuego muy alto, sin tapar, hasta que el líquido se reduce por evaporación.
Refrescar: enfriar rápidamente los alimentos calientes, ya sea bajo el chorro de agua fría o al sumergirlos en agua con hielo, para evitar que sigan cociéndose. Se usa para verduras y algunas veces para bivalvos.
Revolcar: cubrir con un ingrediente seco, como harina o azúcar.
Risotto: comida tradicional italiana realizada a base de arroz.
Rociar: verter con un chorro fino sobre una superficie.
Roulade: masa o trozo de carne, por lo general de cerdo o ternera, relleno, enrollado y braseado o pochado.
Roux: para integrar salsas y se hace de harina con mantequilla o alguna otra sustancia grasosa, a la que se añade un líquido caliente. Una salsa con base de roux puede ser blanca, rubia o dorada, depende de la cocción de la mantequilla.
Salsa: jugo derivado de la cocción del ingrediente principal, o salsa añadida a un platillo para aumentar su sabor. En Italia el término suele referirse a las salsas para pasta.
Saltear: cocer o dorar en pequeñas cantidades de grasa caliente.
Sancochar: hervir o hervir a fuego lento hasta que se cueza parcialmente (más cocido que al blanquear).
Sartén de base gruesa: cacerola pesada con tapa hecha de hierro fundido o cerámica.
Sartén de teflón: sartén cuya superficie no reacciona químicamente ante la comida, puede ser de acero inoxidable, vidrio y de otras aleaciones.
Sellar: dorar rápidamente la superficie a fuego alto.
Souse: cubrir la comida, en especial el pescado, con vinagre de vino y especias y cocer lentamente, la comida se enfría en el mismo líquido.
Sudar: cocer alimentos rebanados o picados, por lo general verduras, en un poco de grasa y nada de líquido a fuego muy lento. Se cubren con papel aluminio para que la comida se cueza en sus propios jugos antes de añadirla a otros ingredientes.
Suero de leche: cultivo lácteo de sabor penetrante, su ligera acidez lo hace una base ideal para marinadas para aves.
Sugo: salsa italiana hecha del líquido o jugo extraído de la fruta o carne durante la cocción.
Timbal: mezcla cremosa de verduras o carne horneada en un molde. También se refiere a un platillo horneado en forma de tambor de la cocina francesa.
Trigo bulgur: tipo de trigo en el que los granos se cuecen al vapor y se secan antes de ser machacados.
Verduras crucíferas: ciertos miembros de la familia de la mostaza, la col y el nabo con flores cruciformes y fuertes aromas y sabores.
Vinagre balsámico: vinagre dulce, extremadamente aromático, con base de vino que se elabora en el norte de Italia. Tradicionalmente, el vinagre se añeja durante 7 años, por lo menos, en barriles de diferentes tipos de madera.
Vinagre de arroz: vinagre aromático que es menos dulce que el vinagre de sidra y no tan fuerte como el vinagre de malta destilado. El vinagre de arroz japonés es más suave que el chino.

índice

pesos y medidas

Cocinar no es una ciencia exacta, no son necesarias básculas calibradas, ni tubos de ensayo ni equipo científico para cocinar, aunque la conversión de las medidas métricas en algunos países y sus interpretaciones pueden intimidar a cualquier buen cocinero.

En las recetas se dan los pesos para ingredientes como carnes, pescados, aves y algunas verduras, pero en la cocina convencional, unos gramos u onzas de más o de menos no afectan el éxito de tus platillos.

Aunque las recetas se probaron con el estándar australiano de 1 taza/250ml, 1 cucharada/20ml y 1 cucharadita/5ml, funcionan correctamente para las medidas de Estados Unidos y Canadá de 1 taza/8fl oz, o del Reino Unido de 1 taza/300ml. Preferimos utilizar medidas de tazas graduadas y no de cucharadas para que las proporciones sean siempre las mismas. Donde se indican medidas en cucharadas, no son medidas exactas, de manera que si usas la cucharada más pequeña de EU o del Reino Unido el sabor de la receta no cambia. Por lo menos estamos todos de acuerdo en el tamaño de la cucharadita.

En el caso de panes, pasteles y galletas, la única área en la que puede haber confusión es cuando se usan huevos, puesto que las proporciones varían. Si tienes una taza medidora de 250ml o de 300ml, utiliza huevos grandes (65g/2¼ oz) y añade un poco más de líquido a la receta para las medidas de tazas de 300ml si crees que es necesario. Utiliza huevos medianos (55g/2oz) con una taza de 8fl oz. Se recomienda usar tazas y cucharas graduadas, las tazas en particular para medir ingredientes secos. No olvides nivelar estos ingredientes para que la cantidad sea exacta.

Medidas inglesas
Todas las medidas son similares a las australianas, pero hay dos excepciones: la taza inglesa mide 300ml/10½ fl oz, mientras que las tazas americana y australiana miden 250ml/8¾ fl oz. La cucharada inglesa mide 14.8ml/½ fl oz y la australiana mide 20ml/¾ fl oz. La medida imperial es de 20fl oz para una pinta, 40fl oz para un cuarto y 160fl oz para un galón.

Medidas americanas
La pinta americana es de 16fl oz, un cuarto mide 32fl oz y un galón americano es de 128fl oz; la cucharada americana es igual a 14.8ml/½ fl oz, la cucharadita mide 5ml/⅙ fl oz. La medida de la taza es de 250ml/8¾ fl oz.

Medidas secas
Todas las medidas son niveladas, así que cuando llenes una taza o cuchara nivélala con la orilla de un cuchillo. La siguiente escala es el equivalente para cocinar, no es una conversión exacta del sistema métrico al imperial. Para calcular el equivalente exacto multiplica las onzas por 28.349523 para obtener gramos, o divide 28.349523 para obtener onzas.

Métrico gramos (g), kilogramos (kg)	Imperial onzas (oz), libras (lb)
15g	½oz
20g	⅓oz
30g	1oz
55g	2oz
85g	3oz
115g	4oz/¼ lb
125g	4½oz
140/145g	5oz
170g	6oz
200g	7oz
225g	8oz/½ lb
315g	11oz
340g	12oz/¾ lb
370g	13oz
400g	14oz
425g	15oz
455g	16oz/1 lb
1,000g/1kg	35.3oz/2.2 lb
1.5kg	3.33 lb

Temperaturas del horno
Las temperaturas en grados Centígrados no son exactas, están redondeadas y se dan sólo como guía. Sigue las indicaciones de temperatura del fabricante del horno en relación a la descripción del horno que se da en la receta. Recuerda que los hornos de gas son más calientes en la parte superior; los hornos eléctricos son más calientes en la parte inferior y los hornos con ventilador son más uniformes. Para convertir °C a °F multiplica los °C por 9, divide el resultado entre 5 y súmale 32.

	C°	F°	Gas regulo
Muy ligero	120	250	1
Ligero	150	300	2
Moderadamente ligero	160	325	3
Moderado	180	350	4
Moderadamente caliente	190–200	370–400	5–6
Caliente	210–220	410–440	6–7
Muy caliente	230	450	8
Súper caliente	250–290	475–500	9–10